交通技工院校汽车运输类专业新课改教材

汽车电器结构与拆装
（第2版）

（汽车维修、汽车商务专业用）

许云珍　主　编
张茂国　主　审

人民交通出版社股份有限公司
北　京

内 容 提 要

本书是交通技工院校汽车运输类专业新课改教材之一,主要内容包括:汽车电气设备的基础知识、蓄电池的结构与更换、发电机的结构与拆装、起动机的结构与拆装、点火系的结构与主要部件的拆装、车身与驾驶室电器的识别、前照灯电路的连接、汽车仪表的结构与拆装、汽车音响系统的结构与拆装、电喇叭的线路连接、电动刮水器的结构与拆装、电动门锁的结构与拆装、电动车窗电动机的结构与拆装、汽车空调系统的结构与拆装,共十四个项目。

本书是交通技工院校、中等职业学校的汽车维修、汽车商务专业的专业核心课程教材,也可作为汽车维修专业技术等级考核及培训用书和相关技术人员的参考用书。

图书在版编目(CIP)数据

汽车电器结构与拆装/许云珍主编. —2 版. —北京:人民交通出版社股份有限公司,2021.12

ISBN 978-7-114-17444-5

Ⅰ.①汽… Ⅱ.①许… Ⅲ.①汽车—电气设备—构造—技工学校—教材②汽车—电气设备—装配(机械)—技工学校—教材 Ⅳ.①U463.6

中国版本图书馆 CIP 数据核字(2021)第 125651 号

QICHE DIANQI JIEGOU YU CHAIZHUANG

书 名:	汽车电器结构与拆装(第 2 版)
著 作 者:	许云珍
责任编辑:	郭 跃
责任校对:	孙国靖 魏佳宁
责任印制:	张 凯
出版发行:	人民交通出版社股份有限公司
地 址:	(100011)北京市朝阳区安定门外外馆斜街 3 号
网 址:	http://www.ccpcl.com.cn
销售电话:	(010)59757973
总 经 销:	人民交通出版社股份有限公司发行部
经 销:	各地新华书店
印 刷:	北京市密东印刷有限公司
开 本:	787×1092 1/16
印 张:	18.25
字 数:	315 千
版 次:	2013 年 8 月 第 1 版
	2021 年 12 月 第 2 版
印 次:	2021 年 12 月 第 2 版 第 1 次印刷 总第 5 次印刷
书 号:	ISBN 978-7-114-17444-5
定 价:	45.00 元

第2版前言

为适应社会经济发展和汽车运用与维修专业技能型人才培养的需求,交通职业教育教学指导委员会汽车(技工)专业指导委员会陆续组织编写了汽车维修、汽车营销、汽车检测等专业技工、高级技工及技师教材,受到广大职业院校师生的欢迎。随着职业教育教学改革的不断深入,职业学校对课程结构、课程内容及教学模式提出了更高、更新的要求。《国家职业教育改革实施方案》提出,要"引导行业企业深度参与技术技能人才培养培训,促进职业院校加强专业建设、深化课程改革、增强实训内容、提高师资水平,全面提升教育教学质量"。为此,人民交通出版社股份有限公司根据职业教育改革相关文件精神,组织全国交通类技工、高级技工及技师类院校再版修订了本套教材。

此次再版修订的教材,总结了交通技工类院校多年来的汽车专业教学经验,将职业岗位所需要的知识、技能和职业素养融入汽车专业教学中,体现了职业教育的特色。本版教材改进如下:

1. 教材编入了汽车行业的最新知识、新技术、新工艺,更新现有标准规范,同时注意新设备、新材料和新方法的介绍,删除上一版中陈旧内容,替换老旧车型。

2. 对上一版中错漏之处进行了修订。

3. 新版教材中配有二维码,以动画、视频"助教助学","数纸一体"提升教学质量。

本书由浙江交通技师学院许云珍担任主编,山东交通技师学院张茂国担任主审,项目一、项目十一、项目十二、项目十三由杭州技师学院何建龙、浙江交通技师学院许云珍编写,项目二、项目三、项目四由河南交通技师学院申琳、浙江交通技师学院许云珍编写,项目五由浙江交通技师学院钱伟、许云珍编写,项目六、项目七、项目八、项目九、项目十由浙江交通技师学院许云珍编写,项目十四由浙江交通技师学院周有银编写。本书在编写过程中,得到了部分汽车修理厂家和汽车4S店的支持,在此表示感谢。

限于编者经历和水平,教材内容难以覆盖全国各地中等职业学校的实际情况,希望各学校在选用和推广本系列教材的同时,注重总结教学经验,及时提出修改意见和建议,以便再版修订时改正。

编　者

2021 年 7 月

目 录

项目一　汽车电气设备的基础知识

课 题 一　汽车电器的组成与特点

一、汽车电器的发展概况

汽车问世一百多年来,其发展给整个世界和人类生活带来了巨大的变化,汽车技术也取得了令人瞩目的进步。汽车电器是汽车的重要组成部分,随着汽车技术的进步,汽车电器的结构与性能也在不断改进,特别是电子技术在汽车上的广泛应用,在节能降耗、行车安全、减少排放污染等方面起着越来越重要的作用。

20 世纪 60 年代以后,随着电子技术的进步,汽车上开始大量采用电子设备,其主要标志是交流发电机,采用二极管整流技术,将交流电变为直流电,使发电机的质量减轻、体积减小、可靠性大幅提升;之后,又用电子电压调节器替代了传统的触点式电压调节器,使发电机的输出电压更加稳定,并减少了维护的工作量。

进入 20 世纪 70 年代,电子技术应用在点火系统中,出现了电子控制高能点火系统,使点火能量有很大提高,点火提前控制得更加精确,提高了汽车的动力性,降低了汽车的排放污染。为进一步减少汽车的排放污染和提高汽车整体性能,随之又出现了电控燃油喷射系统(EFI)、电控自动变速器(ECT)和防抱死制动系统(ABS)等。

20 世纪 80 年代后,汽车采用的电子装置越来越多,如无钥匙起动和启停系统、中控门锁、汽车安全气囊电子控制系统、巡航系统、倒车报警和影像系统、自动驻车辅助系统、夜视系统、胎压监测系统、视频和导航系统等。特别是计算机技术的发展,更给汽车电子控制技术带来了一场技术革命,电控技术已深入汽车的各个部分,使汽车的整体性能得到了大幅提升。

随着汽车电子化、信息化的深入,替代传统线束装置的、以网络通信为基础的线控技术和以控制器局域网为标志的车辆线控网络通信技术也在汽车上普遍应用。

二、汽车电器的组成与特点

汽车电器由电源系统、用电设备和配电装置三部分组成,如图 1-1 所示。

(1)电源系统。电源系统包括蓄电池、发电机、充电指示灯等,如图 1-2 所示。发电机与蓄电池并联工作,发动机未运转时,电能由蓄电池提供;发动机起动后,电能由发电机提供。发电机在给用电设备供电的同时,也给蓄电池充电。发电机内部配有电压调节器,其主要作用是在发电机转速变化时,自动保持发电机输出电压稳定。

(2)用电设备。

①起动系统。起动系统主要包括起动机及其控制电路,用来起动发动机,如图 1-3 所示。

汽车电器
├─ 电源系统
│　　├─ 发电机及调节器
│　　├─ 蓄电池
│　　└─ 充电指示灯
├─ 用电设备
│　　├─ 起动设备
│　　│　　├─ 起动机
│　　│　　└─ 控制电路
│　　├─ 点火系统
│　　│　　├─ 点火线圈
│　　│　　├─ 点火模块
│　　│　　├─ 火花塞
│　　│　　└─ 高压导线
│　　├─ 照明系统
│　　│　　├─ 车内照明
│　　│　　└─ 车外照明
│　　├─ 信号系统
│　　│　　├─ 灯光信号
│　　│　　└─ 音响信号
│　　├─ 仪表及报警系统
│　　│　　├─ 车速里程表
│　　│　　├─ 发动机转速表
│　　│　　├─ 冷却液温度表
│　　│　　├─ 燃油表
│　　│　　├─ 电压（电流）表
│　　│　　├─ 机油压力表
│　　│　　├─ 气压表
│　　│　　└─ 警告灯及蜂鸣器
│　　├─ 辅助电气系统
│　　│　　├─ 风窗玻璃刮水器、洗涤器
│　　│　　├─ 空调系统
│　　│　　├─ 音响
│　　│　　├─ 车窗玻璃升降器
│　　│　　├─ 点烟器
│　　│　　└─ 电动座椅
│　　└─ 汽车电子控制系统
│　　　　├─ 燃油喷射系统
│　　　　├─ 电控点火系统
│　　　　├─ 电控自动变速器
│　　　　├─ 防抱死制动系统
│　　　　├─ 电控悬架系统
│　　　　├─ 自动空调
│　　　　├─ 巡航
│　　　　└─ 驱动力控制
└─ 配电装置
　　├─ 中央接线盒
　　├─ 熔断器
　　├─ 继电器
　　├─ 电线束及插接件
　　└─ 电路开关

图 1-1　汽车电器组成

图 1-2　汽车电源系统的构成
1-发电机;2-蓄电池;3-充电指示灯;4-点火开关

图 1-3　汽车起动系统的构成
1-蓄电池;2-点火开关;3-起动机

②点火系统。点火系统的任务是产生高压电火花,点燃汽油发动机汽缸内的可燃混合气。点火系统主要由点火线圈、点火模块、火花塞、高压导线等构成,如图1-4所示。

图 1-4　汽车点火系统的构成
1-点火开关;2-蓄电池;3-带点火模块的点火线圈;4-火花塞;5-发动机电子控制单元(ECU);6-凸轮轴位置传感器;7-曲轴位置传感器

③照明系统。照明系统包括车内外各种照明灯及其控制装置,主要用来保证夜间行车安全。如图1-5所示为汽车前照灯远、近光照明情况。

④信号系统。信号系统包括电喇叭、蜂鸣器、闪光器及各种行车信号灯等,主要用来保证车辆运行时的人、车安全。

⑤仪表及报警系统。仪表及报警系统用来监测发动机及汽车的工作情况,驾驶人可通过仪表及报警装置,及时发现发动机及汽车各种参数的异常情况,确保汽车正常运行。该系统主要包括冷却液温度表、燃油表、车速里程表、发动机转速表及各种警告指示灯等,如图1-6所示。

⑥辅助电气系统。辅助电气系统包括风窗玻璃刮水器、空调系统、车窗玻璃升降器、电动座椅、防盗系统、收录机等。现在辅助电器有日益增多的趋势,主要向舒适、娱乐、保障安全等方面发展。车辆的豪华程度越高,辅助电器就越多。

⑦汽车电子控制系统。汽车电子控制系统主要指利用计算机控制的各个系统,包括电控燃油喷射系统(EFI)、电控点火系统(ESA)、电控自动变速器(ECT)、防抱死制动系统(ABS)、电控悬架系统(EMS)、自动空调等,电控系统的采用可以使汽车上的各个系统均处于最佳工作状态。

图 1-5　汽车前照灯远、近光照明情况

图 1-6　汽车仪表及报警系统

(3)配电装置。配电装置包括中央接线盒、熔断器、继电器、电线束及插接件、电路开关等,使全车电路构成一个统一的整体。

三、汽车电器的特点

1. 低压

汽车采用低压直流电,现代汽车的标称电压有 12V 和 24V 两种。目前,汽油车普遍采用 12V 电源系统。

2. 直流

汽车发动机依靠电力起动机起动,而起动机的电源是蓄电池,当蓄电池的电能消耗完后,必须用直流电进行充电。

3.单线制

单线制是指从电源到用电设备使用一根导线连接,而另一根导线则由汽车车身或发动机机体代替。作为回路连接方式,单线制不仅节约导线,使线路简化、清晰,而且也便于安装和检修。现代汽车普遍采用单线制,但在某些汽车上,有些不能形成可靠回路的部位,或多或少地存在着双线制。

4.负极搭铁

采用单线制时,蓄电池的一个电极接到车身上,俗称"搭铁"。蓄电池的负极与车身相连,称为负极搭铁。汽车采用负极搭铁的方式,可以有效地避免或减缓车身电化学腐蚀的速度,让车身有更好的防腐蚀性能。现在所有的汽车电气系统都采用负极搭铁制,这已成为一个国际通用标准。

课题二 汽车电路的基本元件

汽车电路的基本元件主要指导线、线束、熔断器、插接器、各种开关和继电器等,它们是汽车电路的基本组成部分。

一、导线

导线是汽车电气系统最基础的组成部分,在不同的汽车电路中,对导线的尺寸以及材料的要求也不一样,它们各自都有严格的标准规定。连接各设备的导线常以不同的颜色加以区分。其中,截面积在 $4mm^2$ 以上的导线采用单色线,而截面积在 $4mm^2$ 以下的导线均采用花线。汽车电路导线主色见表1-1,主要线路导线标称截面积及用途见表1-2。

汽车电路导线主色   表 1-1

系 统 名 称	导 线 主 色	代 号
电源系统	红	R
点火和起动系统	白	W
灯光照明系统	蓝	BL
灯光信号系统	绿	G

系　统　名　称	导　线　主　色	代　　号
车身内部照明系统	黄	Y
仪表及报警指示和喇叭	棕	Br
收音机、点烟器等辅助装置	紫	V
各种辅助电动机 及电气操作系统	灰	Gr
电气装置搭铁线	黑	B

汽车主要线路导线标称截面积及用途　　　　　　表 1-2

导线标称截面积(mm²)	用　　途
0.5	顶灯、后位灯、指示灯、仪表灯、牌照灯、燃油表、冷却液温度表等电路
0.8	转向灯、制动灯、停车灯等
1.0	前照灯、电喇叭(3A 以下)电路
1.5	前照灯、电喇叭(3A 以上)电路
1.5 ~ 4.0	其他 5A 以上的电路
4.0 ~ 6.0	柴油机电热塞电路
6.0 ~ 25.0	电源电路
16.0 ~ 95.0	起动机电路

高压导线在汽车点火线圈至火花塞之间的电路中使用,一般耐压值在 30kV 以上,在点火系统中承担高压电输送任务。其工作电流很小,故截面积较小,约 1.5mm²,绝缘层很厚,多采用橡胶绝缘。按线芯不同,高压导线分为普通铜芯高压导线和带阻尼的高压导线两种。其中,带阻尼的高压导线可抑制和衰减点火系统产生的高频电磁波,减少对无线电设备和电控装置的干扰。

二、线束

随着汽车电器的增多,导线的数量不断增加。为了使全车线路规整、安装方便及保护导线绝缘,汽车上的全车线路除高压导线、蓄电池电缆外,一般都将同区域不同规格的导线用棉纱或薄聚氯乙烯带缠绕包扎成束,又称为线束。一般汽车的线束分为发动机线束、仪表线束、车身线束等。凯越(1.6L)汽车线束内导线的编码规则如图1-7、表1-3所示,其部分线束的布置方式如图1-8所示;丰田卡罗拉轿车部分线束布置方式如图1-9所示。

安装汽车线束时,通常先将仪表板、各种开关导线连接好,然后再往汽车上安装,根据导线的颜色分别连接到相应的电器上,每个线头连接都必须牢固、可靠,且接触良好。线束穿过洞口或绕过锐角处,都应有护套管保护,在线束布置过程中不要拉得太紧,线束位置确定后,再用卡簧或绊钉固定牢,以免松动损坏。

图1-7　凯越(1.6L)汽车线束内导线编码规则示意图

凯越(1.6L)汽车线束内导线编码规则　　　　表1-3

线 束 编 码	区 位 说 明
100 ~ 199	发动机舱
200 ~ 299	仪表板区域
300 ~ 399	乘客室(从仪表板到后轮毂罩)
400 ~ 499	行李舱(从后轮毂罩到车辆后部)
500 ~ 599	左前车门内
600 ~ 699	右前车门内
700 ~ 799	左后车门内
800 ~ 899	右前车门内
900 ~ 999	行李舱盖或储物箱盖

图 1-8　凯越(1.6L)汽车线束布置图示例

图 1-9　卡罗拉轿车线束图示例

1-右前车门门控灯开关总成;2-右前座椅外安全带总成;3-右后车门门控灯开关总成;4-右前侧气囊传感器总成;5-右后侧气囊传感器总成;6-右侧窗帘式安全气囊总成;7-2 号车门控制接收器;8-行李舱外电子钥匙天线;9-3 号车门控制接收器;10-电子钥匙天线

三、熔断器

熔断器(俗称保险管或保险)在电路中起保护作用,常见的熔断器外形如图 1-10 所示。当电路中流过的电流超过其规定的最大电流时,熔断器的熔断丝自身发热而熔断,从而切断电路,以防止烧坏电路连接导线和电气设备,把故障限制在最小范围内。

通常情况下,熔断器集中安装,即将很多熔断器组合在一起安装在熔断器盒内,并在熔断器盒盖上注明各熔断器的名称、额定容量和位置。凯越车型熔断器盒如图 1-11 所示;熔断器的规格和控制内容如图 1-12 和表 1-4、表 1-5 所示。

a)熔管式　　b)缠丝式　　c)插片式

图 1-10　常见的熔断器外形

图 1-11　凯越车型熔断器盒实物图

小提示:熔断器在使用中应注意以下三点:

(1)熔断器熔断后,必须查明原因,彻底排除故障。

(2)更换的熔断丝一定要与原规格相同。

(3)安装时要保证熔断器与熔断器支架接触良好。

蓄电池+	电子点火系统 15A Ef14	电子控制模块 10A Ef16	前照灯 25A Ef5	蓄电池主熔断丝30A SB1

防抱死制动系统60A SB4

停止 15A Ef3	驾驶人电动车窗 20A Ef9	前照灯远光 15A Ef19	喇叭 15A Ef1	空调 10A Ef10	燃油泵 15A Ef15	仪表板熔断丝盒 15A Ef4

鼓风机电动机30A SB2

左前照灯近光 10A Ef17	发动机管理系统 15A Ef12	喷油器 15A Ef13	左照明灯 10A Ef7	雾灯 15A Ef8		门锁 15A Ef2

点火-2 30A SB5

右前照灯近光 10A Ef18	右照明灯 10A Ef6	熔断丝拔出器	电动风扇低速20A SB3	除雾30A SB9	SB6 点火-1 30A

电动风扇高速30A SB8

电动车窗20A SB7

备用 10A Ef29	备用 15A Ef30	备用 25A Ef31	前雾灯继电器	照明电路

电动风扇低速继电器	空调压缩机继电器	喇叭继电器

除雾继电器	燃油泵继电器	主/点火继电器

电动风扇高速继电器	电动车窗继电器	前照灯继电器

a) 发动机舱内熔断丝盒

图 1-12

F24 10A	F16 25A	F8 10A
F23 10A	F15 10A	F7 15A
F22 15A	F14 10A	F6 15A
F21 10A	F13 10A	F5 10A
F20	F12 10A	F4 15A
F19 10A	F11 15A	F3 15A
F18 20A	F10 15A	F2 15A
F17 15A	F9 10A	F1 10A

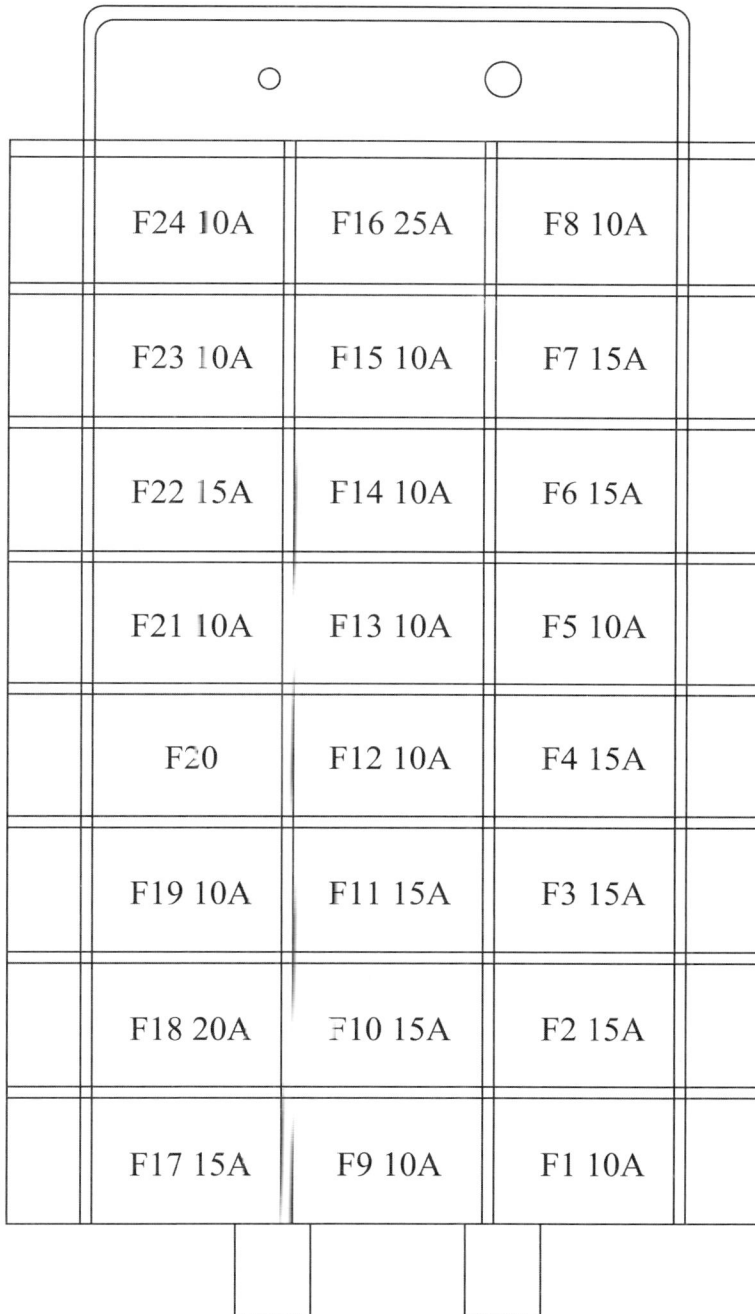

b)乘客侧仪表板熔断丝盒

图 1-12　凯越车型熔断器盒标定图

发动机舱熔断丝基本情况   表1-4

电源	分类	熔断丝号	额定电流	用途
30 蓄电池（+）	SB（慢熔熔断丝）	SB1	30A	蓄电池主熔断丝(F1～F4，F9～F12)
		SB2	30A	鼓风机继电器
		SB3	20A	冷却风扇低速继电器
		SB4	60A	电子制动控制模块,供油连接器
		SB5	30A	点火开关-2
		SB6	30A	点火开关-1
		SB8	30A	冷却风扇高速继电器
		SB9	30A	除雾继电器
点火2(15A)		SB7	20A	电动车窗开关
点火1(15)	片式熔断丝	Ef14	15A	燃油连接器、发动机控制模块、线性排气再循环阀、电子点火系统
30 蓄电池（+）		Ef16	10A	发动机控制模块、主继电器
		Ef5	25A	前照灯继电器、照明继电器
		Ef3	15A	制动开关
点火2(15A)		Ef9	20A	电动车窗开关
56 灯		Ef19	15A	前照灯远光
30 蓄电池（+）		Ef1	15A	喇叭继电器、蜂鸣器、发动机舱盖接触开关
		Ef10	10A	空调压缩机继电器
点火1(15)		Ef15	15A	燃油泵
30 蓄电池（+）		Ef4	15A	仪表组、钥匙未拔提醒开关、折叠后视镜装置、阅读灯、乘客室照明灯、行李舱开启照明灯、行李舱开启开关

续上表

电源	分类	熔断丝号	额定电流	用途
56 灯	片式熔断丝	Ef17	10A	前照灯近光
点火1(15) 30 蓄电池（＋）		Ef12	15A	蒸发排放炭罐吹洗电磁阀、氧传感器、冷却风扇继电器
		Ef13	15A	喷油器、废气再循环、电动废气再循环
照明（58） 30 蓄电池（＋）		Ef7	10A	牌照灯、蜂鸣器铃、后位灯、前照灯
		Ef8	15A	雾灯继电器
		Ef2	15A	中央门锁装置
56 灯		Ef18	10A	前照灯近光
照明(58)		Ef6	10A	照明电路、前照灯、后位灯
备用		Ef29	10A	未用
		Ef30	15A	未用
		Ef31	25A	未用

仪表板熔断丝基本情况　　表1-5

电源	分类	熔断丝号	额定电流	用途
点火1(15)	片式熔断丝	F24	10A	传感和诊断模块
		F23	10A	变速器控制模块、发动机控制模块、发电机、可变进气道系统、车速传感器
		F22	15A	危险报警闪光灯开关
		F21	10A	仪表组、蜂鸣器铃、制动开关、空调控制开关
—		F20	—	—

续上表

电 源	分 类	熔断丝号	额定电流	用 途
点火 2(15A)	片式熔断丝	F19	10A	空调压缩机继电器、除雾继电器、电动车窗继电器、前照灯继电器
		F18	20A	鼓风机继电器、空调控制开关、全自动温度控制
		F17	15A	电动后视镜开关、折叠后视镜、天窗模块
点火 1(15)		F16	25A	刮水器电动机、刮水器开关
—		F15	—	—
点火 1(15)		F14	10A	电子制动控制模块、供油连接器
		F13	10A	阻断器、防盗控制单元、雨水传感器装置
30 蓄电池（＋）		F12	10A	变速器控制模块
		F11	15A	危险报警闪光灯开关
		F10	15A	防盗控制单元
		F9	10A	数据连接插头
附件(15C)		F8	10A	音响、时钟
		F7	—	—
		F6	15A	点烟器
点火 1(15)		F5	10A	倒车灯开关、驻车空挡位置开关
30 蓄电池（＋）		F4	15A	后除雾继电器
		F3	15A	时钟、全自动温度控制、空调控制开关
		F2	15A	音响
		F1	10A	阻断器

四、插接器

插接器由插头和插座组成,用于线束与线束之间或导线与导线之间的连接。为了防止插接器在汽车行驶中脱开,所有插接器均采用闭锁装置。插接器的符号与实物如图 1-13 所示,图中涂黑的表示插头,白色的表示插座,带有倒角的表示针式插头。插接器接合时,应把插接器的导向槽重合在一起,使插头和插孔对准,然后平行插入,即可保证插接器十分牢固地连接在一起。插接器连接后,其连线为一对一连接,如图 1-14 所示。

脚数为6的插头
黑色代表插头
插头倒角

a)插头的符号和实物

直角
白色代表插座
孔数为8个的插座

b)插座的符号和实物

图 1-13　插接器的符号和实物

图 1-14　插接器的连接方法

需要拆开插接器时,首先要解除闭锁,然后把插接器拉开,不允许在未解除闭锁的情况下用力拉导线,这样会损坏闭锁或连接导线。正确的方法是先压下闭锁,再把插接器拉开,如图 1-15所示。

压　拉　压　压　拉

图 1-15　插接器的拆装

五、汽车开关

在汽车电路中,各用电设备或独立的电气系统中一般都设有单独的控制开关,如灯光开关、变光开关、刮水器开关、洗涤器开关、转向开关、紧急报警开关、空调开关、倒车开关、制动开关、喇叭开关等。各种开关的结构都相似,下面以最常见的点火开关与组合开关为例来说明开关的结构及工作过程。

1.点火开关

在所有的开关中,点火开关最为重要,它控制着充电系统、点火系统、起动系统以及绝大多数的辅助电气设备。如图1-16所示,汽车的点火开关装在转向柱上,通常有五个挡位担任不同的工作,分别为锁止挡(LOCK)、关闭挡(OFF)、附件挡(ACC)、运转挡(ON)、起动挡(START)。大部分车型点火开关的锁体都具有锁止转向盘的功能,同时还具有防止误起动的功能。点火开关只能从OFF挡开始拧到起动挡,当打不着火或发动机熄火时,若要重新起动发动机,必须将点火开关转回到OFF挡,然后经OFF挡—ON挡—START挡起动。

图1-16　点火开关的位置

2.组合开关

组合开关将灯光开关(前照灯开关、变光开关)、转向灯开关、危险报警闪光灯开关、刮水器开关、清洗器开关等组合为一体,它是一个多功能开关,安装在便于驾驶人操纵的转向柱上,如图1-17所示。

3.继电器

继电器是间接开关,由触点和线圈组成。一般的开关通过触点的电流较小,不能控制工作电流较大的用电设备,这类设备常采用开关控制继电器线圈的接通和断开,由继电器线圈控制继电器触点,再由继电器触点控制用电设备的工作。

图 1-17　组合开关

汽车上的继电器很多,常见的有三种:

(1)常开继电器。触点在继电器不工作时是断开的,继电器线圈通电后触点才接通。

(2)常闭继电器。触点在继电器不工作时是闭合的,继电器线圈通电后触点才打开。

(3)混合型继电器。在继电器不工作时,常闭触点接通,常开触点断开,当继电器线圈通电时,则变为相反状态。

插接式继电器的外形与内部原理如图 1-18 所示,不同类型继电器的工作状态见表 1-6。

a)外形

b)内部原理

图 1-13　插接式继电器的外形与内部原理

不同类型继电器的工作状态 　　　　　　　　　　表 1-6

工作状态	继电器类型		
	常开(N、O)继电器	常闭(N、C)继电器	混合型继电器
正常(通常)状态	不通→ 〔图〕 不通→ 不通→ 〔图〕	〔图〕→通	不通→ 〔图〕→通 不通→ 〔图〕→通
线圈通电时的情况	12V 〔图〕→通 12V 〔图〕→通 →通	12V 不通→ 〔图〕	12V 〔图〕→通 不通→ 12V 〔图〕 不通→ →通

课 题 三　汽车电路图的基本标识和识读

　　汽车电路图有全车电路图和系统电路图两种。全车电路图就是将电源系统、起动系统、点火系统、照明信号系统、仪表与电子显示装置、电子控制装置以及辅助电气装置等全车电气设备,用标准电器符号,按照它们各自的工作特性及相互的内在联系,通过开关、熔断器、继电器(或电子控制单元)及导线连接起来的电路图。系统电路图即仅涉及单个系统的电路图。全车电路图和系统电路图不仅符合车上线路的实际连接关系,而且电路清晰、简单明了,对分析各电器的工作原理有很大作用。

一、电路图的基本标识

1.电气符号

虽然不同车型的电路图不相同,但汽车电路图所采用的符号大体相同。汽车电路图中常用的电气符号见表1-7。

2.导线的标记

汽车线束是汽车电路的网络主体,连接汽车的各部分电子元器件并使之发挥功能,作用重大,素有"汽车血管"之称。目前,不管是高级豪华汽车还是经济型普通汽车,其线束的形式基本上是一样的,都是由电线、插接器和包裹胶带组成。

汽车导线又称低压电线,它与普通家用电线是不一样的。普通家用电线是铜质单蕊电线,有一定的硬度;而汽车导线都是铜质多蕊软线,有些软线细如毛发,由几条乃至几十条软铜线包裹在塑料绝缘管(聚氯乙烯)内,柔软而不容易折断。

汽车电路图常用的电气符号　　　　　　　　　　　表 1-7

名　　称	图形符号	名　　称	图形符号	名　　称	图形符号
1.限定符号		2.端子和导线的连接符号		3.触点与开关符号	
直流	=	交点	·	动点(常开)触点	
交流	~	端点	∘	动点(常闭)触点	
交直流	≈	可拆卸的端子	∅		
正极	+	导线的连接	—∘—	先闭后合的触点	
负极	−	导线的分支连接	⊤		
中性点	N				
磁场	F	导线的交叉连接	+	中间断开的双向触点	
搭铁	E1				
发电机输出接线柱	B	导线的跨越	⊥	联动开关	
		插座的一个级	—⊂		
磁场二极管输出端	D+	插头的一个级	——	手动开关的一般符号	E1
		插头和插座	—⊂■		

续上表

名　　称	图形符号	名　　称	图形符号	名　　称	图形符号
定位(非自动复位)开关		热敏电阻器		熔断器	
按钮		滑动触点电位器		易熔线	
能定位的按钮		加热元件、电热塞		电路断器线	
拉拔开关				永久磁铁	
旋转、旋钮开关		电容器		一个绕组电磁铁	
液位控制开关		可变电容器			
润滑油滤清器报警开关		极性电容器		两个绕组电磁铁	
热敏开关动合触点		半导体二极管一般符号		不同方向绕组的电磁铁	
热敏开关动断触点		单向击穿二极管、压调整二极管(稳压管)		触点动合的继电器	
多挡开关、点火、起动开关,瞬时位置为2能自动返回到1(即2挡不能定位)		发光二极管		触点动断的继电器	
		光电二极管			
		PNP型晶体管		5.仪表符号	
		集电极接管亮晶体管(NPN型)		电压表	Ⓥ
				电流表	Ⓐ
				电阻表	Ω
		具有两个电极的压电晶体		油压表	ⓄⓅ
节气门开关				转速表	ⓝ
4.电子元器件符号		电感器、线圈、绕组、扼流圈		温度表	ⓣ
电阻器				燃油表	Ⓠ
可变电阻器		带磁芯的电感器		速度表	ⓥ
				电钟	Ⓒ

续上表

名　称	图形符号	名　称	图形符号	名　称	图形符号
数字式电钟		速度传感器		组合灯	
6.传感器符号		空气压力传感器		预热指示器	
温度表传感器		制动压力传感器		电喇叭	
空气温度传感器		蓄电池传感器		扬声器	
冷却液温度传感器		制动灯传感器		蜂鸣器	
燃油表传感器		灯传感器		报警器、电警笛	
油压表传感器		制动器摩擦片传感器		电磁离合器	
空气质量传感器		燃油滤清器积水传感器		用电动机操纵的怠速调整装置	
空气流量传感器		7.电气设备符号			
		照明灯、信号灯、仪表灯、指示灯		加热器（除霜器）	
氧传感器		双丝灯		空气调节器	
爆燃传感器		荧光灯		稳压器	
转速传感器					

续上表

名　称	图形符号	名　称	图形符号	名　称	图形符号
点烟器		集电环或换向器上的电刷		天线电动机	
间歇刮水继电器		直流电动机		门窗电动机	
防盗报警系统		起动机（带电磁开关）		座椅安全带装置	
天线一般符号		燃油泵电动机、洗涤电动机		定子绕组为星形联结的交流发电机	
发射机		晶体管电动燃油泵		定子绕组为三角形联结的交流发电机	
收音机		加热定时器		外接电压调节器与交流发电机	
收放机					
传声器一般符号		电子点火		整体式交流发电机	
点火线圈					
分电器		风扇电动机		蓄电池	
火花塞					
电压调节器				蓄电池组	
串励绕组				闪光器	
并励或他励绕组		刮水器电动机		霍尔信号传感器	

续上表

名　称	图形符号	名　称	图形符号	名　称	图形符号
磁感应信号传感器		常开电磁阀			
电磁阀一般符号		常闭电磁阀			

随着汽车功能的增加和电子控制技术的普遍应用,汽车电器件越来越多,导线也会越来越多,线束也就变得越粗、越重。因此,先进的汽车就引入了CAN总线配置,采用多路传输系统。与传统线束比较,多路传输装置大大减少了导线及插接器数目,使布线更为简易。

在汽车电路图中,每根导线都有线束标记,如导线上标有W/R,则表示该导线为白色基色带红色条纹的导线。由于各国的母语不同,故线束标记有所不同。我国与美国、日本等国家均采用英文字母缩写形式,而德国则采用德文字母。随着汽车用电设备的增多,导线的数量也不断增加,除各线束间的插接器不同外,各用电设备之间线束中的导线颜色也是不同的。这样当汽车电路出现故障时,根据电路图上导线的标注,就可以很方便地从线束中找到相应的导线。

二、电路图的识读方法

汽车全车电路图一般较为复杂,在利用全车电路图进行系统分析时,首先应看全车电路图,对全车电路有大致了解后,再根据各个系统的工作原理分析电路系统的故障,这样才能准确、及时地将故障排除。

1.回路原则

对于全车电路而言,所有用电设备都是并联的,任何一个电路系统都是一个完整的电气系统,即闭合回路。一个完整的闭合回路包括电源、开关、熔断器、用电设备、导线等,并遵循电源正极→熔断器→开关→用电设备→搭铁→电源负极的电流流向。

2.注意火线与搭铁线

同一电路中可能有多条火线,但有的火线与蓄电池正极直接相连;而有的火线由点火开关控制,只有点火开关接通后,该火线才能有电流;还有的火线经继电器等控制。在电路图中,有很多搭铁线,但搭铁部位不同。

3.注意继电器和用电设备的开关

多数开关控制火线,而有些开关则控制搭铁线。有些继电器和开关的触点是常开的,而有些继电器和开关的触点是常闭的。

三、电路识读实例

对汽车电路故障进行故障排除时,首先要了解故障电路的工作原理,看懂汽车生产厂家绘制的电路图。下面以丰田卡罗拉汽车电路图(图1-19)为例,说明电路图的识读方法。

小提示:此系统图仅作参考样图,与"系统电路"章节中的实际电路不同。

图1-19中各部分含义如下:

[A]表示系统名称。

[B]表示继电器盒,如①表示1号继电器盒。无阴影表示且仅显示继电器盒号以区别接线盒。

[C]当车辆型号、发动机类型或规格不同时,用( )来表示不同的配线和连接器。

[D]表示相关系统。

[E]表示用以连接两根线束的连接器的代码(图1-20)。该连接器代码由两个字母和一个数字组成。连接器代码的第一个字符表示指示带阴连接器的线束的字母代码,第二个字符表示带阳连接器的线束的字母代码。第三个字母表示在出现多种相同的线束组合时,用于区分线束组合的系列号(如CH1 和CH2)。符号(⩗)表示阳端子连接器。连接器代码外侧的数字,表示阳连接器或阴连接器的引脚编号。

[F]表示零件(所有零件用天蓝色表示)。此代码与零件位置图中所用的代码相同。

[G]表示接线盒(圈内的数字是接线盒号,旁边为连接器代码,如图1-21所示),图中3C表示它在3号接线盒内部。接线盒用阴影标出,以便将它与其他零件清楚地区别开来。

［A］
制动灯系统

（BAT）

15A
熔断丝

（IG）──［M］

7.5A 熔断丝

2

［B］

3 ⅠB

4 ⅠB

W-R

R-L

7 3C

L (S/D)

［C］

14 CH

R (W/G) L (S/D)

［G］

15 3C

H6
制动灯开关

1

15 CH ──［E］

R-L

通向控制电脑

G-W

L (S/D)

［F］

4

后位灯

［D］

G-W

G-W

Y-G

13

H4
灯光故障传感器

7

8

4

2 G-R

［H］── G-R

1 H8 G-R

［N］

1

11

G-R

［I］ G-B

屏蔽电缆

W-B

G-R

4 Stop

3 Stop

W-B

J7 右后制动灯

H9 左后制动灯

［J］ 2

3

6

1

W-B

W-B

W-B

1 H8 W-B

W-B

W-B

H1 ──［K］

H2

a）电路图

图　1-19

27

[O] **系统概述**

始终使电流通过制动灯熔断丝加到制动灯开关总成的端子2上。

打开点火或起动机开关总成时,电流从仪表熔断丝流到灯故障传感器的端子8,同时也流经后位灯至灯故障传感器的端子4。

制动灯断开警告:

打开点火或起动机开关总成并踩下制动踏板(制动灯开关总成 ON),如果制动灯电路断路,且从灯故障传感器的端子7流到端子1、2的电流改变,则灯故障传感器检测到断开,灯故障传感器的警告电路被激活。因此,电流从灯故障传感器的端子4流到端子11,再流到搭铁,并使后位灯警告灯亮起。通过踩下制动踏板,流到灯故障传感器的端子8的电流使警告电路保持ON,并在关闭点火或起动机开关总成之前一直使警告灯亮起。

[P] ○: **零件位置**

代码	参见页	代码	参见页	代码	参见页
H4	36	H7	36	H17	38
H6	36	H9	38	J7	38

[Q] ○: **继电器盒**

代码	参见页	继电器盒(继电器盒位置)
1	18	1 号继电器盒(仪表板左侧支架)

[R] ○: **接线盒和线束连接器**

代码	参见页	接线盒和线束(连接器位置)
3C	22	仪表板线束和 3 号接线盒(仪表板左侧支架)
IB	20	仪表板线束和仪表板接线盒(下装饰板)

[S] □: **连接线束的连接器和线束**

代码	参见页	连接线束和线束(连接器位置)
CH1	42	发动机室主线束和仪表板线束(左侧踏脚板)
HJ1	50	仪表板线束和地板线束(右侧踏脚板)

b)

图 1-19

[T]▽:搭铁点

代码	参见页	搭铁点位置
H1	50	左侧中柱下方
H2	50	背板中间

b）相关说明

图 1-19　卡罗拉电路图识读

阴连接器　　　　阳连接器(≫)

图 1-20　线束连接器

［H］表示配线颜色。配线颜色用字母表示。如：B——黑色；W——白色；BR——褐色；L——蓝色；V——紫色；SB——天蓝色；R——红色；G——绿色；LG——浅绿色；P——粉色；Y——黄色；GR——灰色；O——橙色。第一个字母表示基本配线颜色,第二个字母表示条纹颜色,如图 1-22 所示为电线基本配线为蓝色、条纹颜色为黄色的表示方法。

L－Y:

L　 － 　Y
(蓝色)　（黄色）

图 1-21　系统图中接线盒的表示　　　图 1-22　系统图导线颜色的表示方法

［I］表示屏蔽电缆,是在电缆周围屏蔽绝缘来减少电磁干扰的一种特殊电

外部绝缘层　屏蔽网

绝缘介质　中心导线

图 1-23　屏蔽电缆

缆,可以使外界电磁辐射及磁场辐射直接入地而不对内层电线产生干扰。屏蔽电缆有两层屏蔽层,网状编织线是防磁场辐射的,铝箔层是用来防电磁辐射的,如图1-23所示。

[J]表示连接器引脚的编号。阳连接器和阴连接器的编号系统各异,如图1-24所示。

| 1 | 2 | 3 |
| 4 | 5 | 6 |

a)阴连接器从左上到
右下依次标出编号

| 3 | 2 | 1 |
| 6 | 5 | 4 |

b)阳连接器从右上到
左下依次标出编号

图 1-24　阴、阳连接器的编号系统

[K]表示搭铁点。该代码由两个字符组成:一个字母和一个数字。该代码的第一个字符表示指示线束的字母代码,第二个字符表示在同一线束有多个搭铁点时用以区分的系列号。

[M]表示熔断丝通电时的点火开关位置。

[N]表示配线接点,如图1-25所示。

[O]解释系统概述。

[P]显示系统电路中的零件在车辆上的位置的参考页码。例如,零件"H4"(灯故障传感器),该代码的第一个字符表示指示线束的字母,第二个字符表示与线束连接的零件的系列号。

图 1-25　导线的配线接点

[Q]显示系统电路中的继电器盒连接器在车辆上的位置的参考页码。例如,在手册中描述了连接器"1",它被安装在仪表板的左侧。

[R]显示系统电路中的接线盒和线束在车辆上的位置的参考页码。例如,连接器"3C"连接仪表板线束和3号接线盒。在手册中描述了此连接器,它被安装在仪表板的左侧。

[S]显示描述线束和线束连接器(首先显示阴连接器线束,然后显示接头线束)的参考页码。例如,连接器"CH1"连接发动机舱主线束(阴连接器)和仪表板线束(阳连接器),它被安装在左侧踏脚板上。

[T]显示车辆上搭铁点位置的参考页码。例如,搭铁点"H2"位于背板中间。

四、评价与反馈

(1)对学习任务进行评价,学习任务评分表见表1-8。

学习任务评分表　　　　　　　　　　　　　　表1-8

考核项目	评分标准	分数	学生自评	小组互评	教师评价	小计
团队合作	是否和谐	5				
活动参与	是否积极主动	5				
安全生产	有无安全隐患	10				
现场5S	是否做到	10				
任务方案	是否正确、合理	15				
操作过程	正确使用手册查找相关内容的方法;找到指定章节;说出"导言"部分中"注意事项"的所有内容;找到并朗读手册中各种"注意"和"小心"等事项;参考教材,说出一张电路图中各符号的含义	30				
任务完成情况	是否圆满完成	5				
工具和设备使用	是否规范、标准	10				
劳动纪律	是否能严格遵守	5				
工单填写	是否完整、规范	5				
总分		100				
教师签写:		年　月　日			得分	

(2)同学之间对照《卡罗拉维修手册》进行各系统的查找与翻阅。

项目二　蓄电池的结构与更换

课 题 一　蓄电池的结构与正确使用

蓄电池是一种可逆的低压直流电源,它既能将化学能转换为电能,也能将电能转换为化学能。卡罗拉 1ZR—FE 轿车蓄电池在实车上的安装位置如图 2-1 所示。

一、蓄电池的作用

(1)发动机起动时,向起动机提供强大的起动电流,并同时向点火系统等用电设备供电。

(2)发电机电压过低时,向用电设备和交流发电机的励磁绕组供电。

(3)发电机电压高于蓄电池电动势时,将多余电能转换为化学能储存起来。

（4）发电机过载时,协助发电机向用电设备供电。

（5）蓄电池相当于一个大的电容器,吸收电路中出现的瞬间过电压,保持汽车电系电压稳定,保护电子元件。

图2-1 卡罗拉1ZR—FE轿车蓄电池在车上的安装位置

蓄电池

二、普通蓄电池的结构

普通铅蓄电池一般由三只或六只单格电池串联而成,每只单格电池的电压约2V,串联后蓄电池的电压为6V或12V。它主要由极板、隔板、电解液、外壳、联条、极桩等组成,其结构如图2-2所示。

图2-2 蓄电池的结构

蓄电池结构

1-负极桩;2-加液孔盖;3-正极桩;4-穿壁连接;5-联条;6-外壳;7-负极板;8-隔板;
9-正极板

1. 极板

极板是蓄电池的核心部件,由栅架和活性物质组成。它可分为正极板和负极板两种。将涂上铅膏后的极板先经热风干燥,再放入稀硫酸中进行充电便得到正极板和负极板。正极板上的活性物质为深棕色的二氧化铅(PbO_2);负极板上的活性物质为深灰色的海绵状纯铅(Pb)。在充放电的过程中,极板上的活性物质与电解液反应,完成蓄电池的充放电化学反应。

为了增大容量,可将多片正、负极板分别并联,用汇流条(横板)焊接起来便分别组成正、负极板组。安装时各片正、负极板相互嵌合,中间插入隔板后装入蓄电池单格内,便形成单格电池。

小提示: 为防止正极板放电不均匀造成极板拱曲而使活性物质脱落,在每个单格中,负极板的数量总比正极板多一片。

2. 隔板

为避免相邻正、负极板彼此接触而短路,正、负极板之间要用绝缘隔板隔开。隔板材料应具有多孔性,以利于电解液渗透和减小蓄电池内阻;隔板化学稳定性要好,并具有耐酸和抗氧化性。现代汽车多采用微孔塑料隔板。隔板的一面带有沟槽,安装时应将有沟槽的一面朝向正极板。

3. 电解液

电解液的作用是形成电离,使极板上的活性物质与电解液反应,完成蓄电池的充、放电过程。它由纯净的硫酸与蒸馏水按一定比例配制而成。

电解液的密度一般为 $1.23 \sim 1.30g/cm^3$,使用时应根据地区、气候条件和制造厂的要求而定。

小提示: 配制电解液时必须穿戴防护用具,将稀硫酸慢慢倒入水中,且均匀搅拌。绝不可将水倒入硫酸中,否则硫酸会飞溅伤人!

4. 外壳

外壳用来盛放电解液和极板组,使蓄电池构成一个整体。现代汽车用蓄电池一般采用透明工程塑料制成外壳,不仅耐热、耐酸、耐震,而且强度好、韧性好,壳体可以做得很薄,其壁厚仅为 3.5mm,电解液的高度和极板组的大体状况从外面就能清晰地观察到,便于对蓄电池进行检查和维护。

壳体为整体式结构,内有 6 个互不相通的单格,底部有凸起的筋条以搁置极板组。每个单格的盖子中间有加液孔,可以用来检查液面高度、测量电解液的密度和加注电解液,加液孔平时用孔盖拧紧。

小提示:每个加液孔盖中心都有通气孔和大气相通,应经常保持通气孔畅通,以防电池爆炸。

5. 极桩

极桩用来与外部电路连接接线,分为正极桩和负极桩。正极桩标" + "或涂红色,负极桩标" – "或涂蓝色、绿色等。

6. 联条

联条的作用是将单格电池串联起来,以提高整个蓄电池的端电压。普通蓄电池的联条是外露的,用铅材料铸造而成;而新型蓄电池的联条在内部,多采用穿壁式或跨接式结构。不同形式的联条如图 2-3 所示。

装配前的联条铸件

a)传统外露式　　　　b)穿壁式　　　　c)跨接式

图 2-3　蓄电池的联条

三、免维护蓄电池的结构

1. 免维护蓄电池的结构

与普通铅蓄电池相比,免维护蓄电池的结构有以下特点:

(1)极板栅架采用铅钙合金或低锑合金(含锑2% ~3%),减少了析气量及耗水量。同时,自行放电已大大减少,使用寿命得以延长。

(2)采用袋式聚氯乙烯隔板将正极板包住,可保护正极板活性物质不致脱落,并防止极板短路。

(3)通气孔采用新型安全通气装置,可避免蓄电池内的酸气与外部火花直接接触,以防爆炸。通气塞中装有催化剂(钯),帮助排出的氢氧离子结合生成水再回到蓄电池中,减少了水的消耗。这种新型通气装置还可使蓄电池顶部和接线柱保持清洁,减少了接头的腐蚀。

(4)单格电池间采用穿壁式连接,减小了内阻,提高了起动性能。

(5)外壳由聚丙烯塑料热压而成,壳底没有凸肋,极板组直接坐落在蓄电池底部,这样可使极板上部容积增大,电解液储量增大,且壳体内壁薄,与同容量电池相比,质量轻且体积小。

(6)很多免维护蓄电池设有内装式电解液密度计,如图 2-4 所示。其内部装有一颗能反光的绿色玻璃小球,随着电解液密度及液面高度浮动,从玻璃观察孔中可以看到代表蓄电池不同状态的颜色。若电解液液面正常、密度在 $1.22g/cm^3$ 以上(放电不超过 25%),绿色小球升至玻璃棒下端并与之接触,此时能看见绿色,表明电池良好;若电解液液面正常、密度过低(放电已超过 25%),绿色小球沉入笼子底部,此时便看不见绿色小球,看到的是深绿色(或黑色);若电解液液面已下降到低于密度计的高度,从玻璃孔看到的是淡黄色,表明该蓄电池已损坏,应更换,此时须检查发电机充电电压是否过高。

绿色　　　　黑色　　　　黄色
75%~100%　　0~75%　　液面过低

绿色小球

图 2-4　内装式电解液密度计示意图

2. 免维护蓄电池的优点

(1)免维护蓄电池合理使用过程中不需添加蒸馏水,短途运输车辆可行驶 8 万 km,长途载货车可行驶 40 万 ~ 80 万 km 而不需维护,使用方便。

(2)极桩腐蚀极轻或没有腐蚀。

(3)使用寿命长,一般在 4 年左右,几乎是普通蓄电池的 2 倍。

(4)蓄电池自行放电少,使用或储存时不需进行补充充电。

四、铅蓄电池的工作原理

铅蓄电池的充放电过程就是化学能与电能相互转化的过程:当蓄电池向外

供电时,将化学能转化为电能;而当蓄电池与外部直流电源相连进行充电时,将电能转化为化学能。其电化学反应是可逆反应,可用如下总的反应方程式表示:

$$PbO_2 + 2H_2SO_4 + Pb \underset{充电}{\overset{放电}{\rightleftharpoons}} 2PbSO_4 + 2H_2O$$

五、蓄电池的正确使用和维护

1. 蓄电池的正确使用

(1)不能长时间大电流放电,不能频繁和长时间使用起动机。

小提示:在实际使用口必须严格控制起动时间,每次起动的时间不得超过5s,连续两次起动应间隔15s以上。

(2)不能大电流或过电压充电。

小提示:当充电电压升高10% ~ 12%时,蓄电池的寿命将缩短2/3。

(3)尽量避免蓄电池过放电和长期在亏电状态下工作。

小提示:放完电的蓄电池应在24h内及时充电。

(4)冬季应注意保持蓄电池处于充足电状态,以免电解液密度降低而结冰,引起外壳破裂、极板弯曲和活性物质脱落等。冬季向蓄电池内补加蒸馏水时,必须在蓄电池充电前进行,以免水和电解液混合不均而引起结冰。

小提示:冬季在不致结冰的前提下,应尽量采用稍低密度的电解液。

2. 蓄电池的维护

(1)保持蓄电池外表面的清洁干燥,及时清除极桩和电缆卡子上的氧化物。

小提示:清洗蓄电池之前,要拧紧加液孔盖,防止苏打水进入蓄电池内部。

(2)经常检查蓄电池安装是否牢固,极桩是否松动,接线是否紧固。

(3)经常检查蓄电池的放电程度。汽车每行驶1000km或夏季行驶5~6天,冬季行驶10~15天,应用密度计或高率放电计检查一次蓄电池的放电程度。当冬季放电超过25%、夏季放电超过50%时,应及时将蓄电池从车上拆下进行补充充电。

(4)定期检查和调整电解液的液面高度,并疏通通气孔。

小提示:电解液的液面高度必须高出极板10 ~ 15mm,高度不足时,须添加蒸馏水至外壳标示的最高线;若液面降低确系倾倒溅出造成,应补加相应密度的电解液并充电调整。

(5)根据季节及时调整电解液密度。

课题二　蓄电池的型号与选用

一、蓄电池的分类

蓄电池的种类很多,按使用的电解液不同,可分为酸性蓄电池和碱性蓄电池;按电极材料不同,可分为铅蓄电池和铁镍、铬镍蓄电池等。铅蓄电池由于结构简单、价格便宜、内阻小、可以短时间供给起动机强大的起动电流而被广泛采用。铅蓄电池又可以分为普通铅蓄电池、干荷电式铅蓄电池、湿荷电式铅蓄电池和免维护铅蓄电池,如图2-5所示。表2-1列出了几种汽车常用铅蓄电池的特点。

a)干荷电式铅蓄电池

b)免维护蓄电池

蓄电池常见分类

图2-5　铅蓄电池

几种汽车常用铅蓄电池的特点　　　　　表 2-1

类　型	特　点
普通铅蓄电池	新蓄电池的极板不带电,使用时需要按规定加注电解液并进行初充电。初次充电时间较长,使用中需要定期维护
干荷电式铅蓄电池	新蓄电池的极板处于干燥的已带电状态,电池内部无电解液。在规定的保存期内,如需使用,只需按规定加入电解液,静置 20 ~ 30min 即可使用。使用中需要定期维护
湿荷电式铅蓄电池	新蓄电池的极板处于已充电状态,电池内部带有少量电解液。在规定的保存期内,如需使用,只需按规定加入电解液,静置 20 ~ 30min 即可使用。使用中需要定期维护
免维护蓄电池	使用中不需维护,可用 3 ~ 4 年不需补加蒸馏水。极桩腐蚀极少,自放电少

二、蓄电池的型号

按照《铅酸蓄电池名称、型号编制与命名办法》(JB/T 2599—2012)的规定,国产铅蓄电池的型号由三个部分组成,各部分之间用破折号分开(可省略),其排列及含义如图 2-6 所示。

Ⅰ	Ⅱ		Ⅲ
串联的单体蓄电池数	蓄电池用途代号	蓄电池结构特征代号	额定容量

图 2-6　国产铅蓄电池型号的排列及含义

第一部分表示串联的单体蓄电池数,用阿拉伯数字表示。

第二部分表示蓄电池的用途、结构特征代号。蓄电池的用途优先采用汉语拼音表示,当汉语拼音无法表述时,方可采用英语字头,Q 表示起动用铅蓄电池;M 表示摩托车用铅蓄电池。

蓄电池的结构特征优先采用汉语拼音表示,当汉语拼音无法表述时,方可采用英语字头,各代号含义见表2-2。

铅蓄电池结构特征代号　　　　　　　　　　表2-2

序号	蓄电池特征	型号	汉字及拼音或英语字头	
1	密封式	M	密	mi
2	免维护	W	维	wei
3	干式荷电	A	干	gan
4	湿式荷电	H	湿	shi
5	微型阀控式	WF	微阀	wei fa
6	排气式	P	排	pai
7	胶体式	J	胶	jiao
8	卷绕式	JR	卷绕	juan rao
9	阀控式	F	阀	fa

第三部分表示蓄电池的额定容量,以阿拉伯数字表示,其单位为安培小时(A·h),在型号中单位可省略。

当需要标志蓄电池所需适应的特殊使用环境时,应按照有关标准及规程的要求,在蓄电池型号末尾和有关技术文件上做明显标志。

蓄电池型号末尾允许标志临时型号。

例如:6-QA-100 表示 6 个单体串联的额定容量为 100A·h 的干式荷电起动型蓄电池。

三、蓄电池的选用

选用汽车蓄电池时,要先选"型",再选"号",即首先要选起动型,再选电压和容量。它主要是根据起动机要求的电压和容量选择,一般应满足连续起动三次以上的要求。每车尽量选用一个蓄电池,特殊情况下才选用两个蓄电池。若电压不够,可采用两个蓄电池串联,每个蓄电池的电压为总电压的一半。

小提示:切记新旧蓄电池不能混用。

拓展学习——废旧蓄电池的处理

废旧铅酸蓄电池回收和铅的再利用对于节约铅资源、加强环境保护和实施可持续发展战略具有重要意义。废旧铅酸蓄电池在回收和再利用过程中如果处理不好，必然成为新的污染源，给环境和人体健康造成极大的危害。

废旧铅酸蓄电池的回收途径主要有三种：一是蓄电池制造厂商通过其销售渠道回收；二是废料商收集；三是政府支持建立废旧铅酸蓄电池回收组织。具体做法有三种：一是以旧换新；二是抵押金制度；三是征收环保税。

国外先进的废旧铅酸蓄电池回收技术和设备，应用机械化、自动化程度高的破碎分选系统，将蓄电池的壳体——塑料或硬橡胶，铅——极栅、极柱的铅合金，隔板——PVC（聚氯乙烯）或 PE（聚乙烯）、微孔硬橡胶、玻璃纤维等，稀硫酸、铅膏（硫酸铅、氧化铅）分选，合金铅经熔炼、精练为精铅，铅膏经脱硫处理后再熔炼、精炼为精铅，铅的回收率高达 95%。

为了保证国民经济稳定、快速、健康发展，防止铅对环境的污染，提高铅资源的合理有效利用程度，实施可持续发展战略，专家建议：

（1）建立完善的废旧铅酸蓄电池回收渠道。从事铅酸蓄电池销售，汽车、摩托车、电动自行车、铁路客车、沿海内河船舶、电信电源设备等修理和拆解的单位，是法定的以旧换新的回收废旧铅酸蓄电池单位。上述单位和其他废旧铅酸蓄电池回收组织，不得自行解体回收的废旧铅酸蓄电池；不准将稀硫酸（电解液）倒入下水道、河道和土壤中；不准露天堆放，以防雨水冲刷使铅酸等有害物质流入水体和土壤。

（2）加强转运管理。废旧铅酸蓄电池转运时，必须正置，并拧紧排气栓（液孔栓），且有防雨措施，以防稀硫酸外溢和洒落。提倡并推广使用托盘包装运输。

（3）对再生铅加工企业实施许可证制。国家有关部门制定再生铅加工企业许可证管理办法。应要求企业规模在年产再生铅 1 万 t 以上；加工过程应有完善的环保设施和有效的措施；铅尘、烟气、污水排放应达到国家相应标准；生产人员应享受劳保用品和保健费，并定期体检，企业负责治疗铅中毒人员。污染物排放达不到标准的企业一律关闭。

（4）鼓励再生铅加工企业展开跨地区联合、兼并、资产重组，提高行业集中度。

（5）鼓励投资建设年加工处理 5 万 t 以上废旧铅酸蓄电池、采用或引进无污染再生铅加工技术和设备，选址合理的再生铅加工企业。

课 题 三　蓄电池的更换

一、作业前的准备

下面以卡罗拉轿车为例,讲解蓄电池的更换操作。

1. 工具、设备和材料的准备

卡罗拉轿车及其维修手册、组合扳手、扭力扳手、钳子、螺丝刀、温度计、万用表等。

2. 作业前场地和车辆的准备

(1)汽车进入工位前,将工位清理干净,准备好相关的器材。

(2)将汽车停驻在工位中央位置。

(3)拉紧驻车制动器操纵杆,并将变速器操纵杆置于空挡(N挡)或驻车挡(P挡)位置,如图2-7所示。

(4)套上转向盘护套、变速器操纵杆手柄套和座位套,铺设脚垫,如图2-8所示。

图2-7　变速器操纵杆置入N挡或P挡　　　　图2-8　套上各类护套

(5)在车内拉动发动机舱盖手柄,在车外打开并支撑发动机舱盖,如图2-9所示。

(6)粘贴翼子板和前脸磁力护裙,如图2-10所示。

图 2-9　支撑发动机舱盖

图 2-10　贴上磁力护裙

二、蓄电池的更换

1.拆卸蓄电池的电缆线夹

先拆负极桩上的电缆夹 1,后拆正极桩上的电缆夹 2,如图 2-11 所示。

2.拆卸蓄电池

(1)按 1→2→3 的顺序拆卸蓄电池压板,如图 2-12 所示。

图 2-11　蓄电池电缆拆卸顺序
1-负极电缆夹；2-正极电缆夹

图 2-12　蓄电池压板拆卸方法

(2)取出蓄电池,如图 2-13 所示。

3.检查、清洗蓄电池

(1)清洗蓄电池。清洗时除使用清水外,还可以使用碳酸氢钠溶液。

(2)清洁蓄电池极桩。可以用刮刀和钢丝刷,还可以用砂纸除去蓄电池极桩上的脏物或锈蚀。

（3）检查蓄电池是否漏电。

（4）清理电缆夹。

a)正确方法　　　　　b)错误方法

图 2-13　取出蓄电池的方法

4. 检查蓄电池外壳

如果蓄电池外壳有裂纹或变形,应更换蓄电池。

5. 安装蓄电池

在确定待用蓄电池符合本型汽车使用后,按图 2-14 所示的方法安装蓄电池压板。

不要拧得太紧

先拧紧

图 2-14　压板螺栓安装方法

小提示:注意压板螺栓与螺母不要拧得过紧,否则会拧弯蓄电池压板,或损坏蓄电池外壳。

6. 连接蓄电池电缆线

连接电缆夹时,应先在夹头上涂上凡士林或润滑脂,避免极桩和夹头腐蚀,便于以后拆卸。先接正极桩上的电缆,后接负极桩上的电缆,保证蓄电池的负极搭铁。

小提示:目前,很多车辆的ECU带有记忆功能,对于此类车辆,在拆蓄电池电缆之前,应先读取(或打印)故障码、设定参数和密码等信息。注意点火开关接通时严禁拆卸蓄电池。

三、评价与反馈

(1)对学习任务进行评价,学习任务评分表见表2-3。

学习任务评分表　　　　　　　　　　　表2-3

考核项目	评分标准	分数	学生自评	小组互评	教师评价	小计
团队合作	是否和谐	5				
活动参与	是否积极主动	5				
安全生产	有无安全隐患	10				
现场5S	是否做到	10				
任务方案	是否正确、合理	15				
操作过程	蓄电池的查找与连接;拆卸蓄电池;安装蓄电池	30				
任务完成情况	是否圆满完成	5				
工具和设备使用	是否规范、标准	10				
劳动纪律	是否能严格遵守	5				
工单填写	是否完整、规范	5				
总分		100				
教师签写:			年　月　日		得分	

(2)能否向顾客提出正确更换汽车蓄电池的建议?

项目三　发电机的结构与拆装

课 题 一　发电机的结构与工作原理

一、发电机的作用、分类和型号

1. 发电机的作用

发电机是汽车的主要电源,其功用是在发动机正常运转时,向除起动机以外的所有用电设备供电,同时给蓄电池充电。卡罗拉 1ZR—FE 轿车发电机在车上的安装位置如图 3-1 所示。

2. 发电机的分类

按总体结构不同,发电机可分为普通交流发电机、整体式交流发电机、带泵式交流发电机、无刷式交流发电机和永磁式交流发电机。

图 3-1 卡罗拉 1ZR—FE 轿车发电机在车上的安装位置

按整流器结构不同,发电机可分为六管交流发电机、八管交流发电机、九管交流发电机、十一管交流发电机。

按励磁绕组搭铁形式不同,发电机可分为内搭铁型交流发电机和外搭铁型交流发电机。

3. 发电机的型号

根据《汽车电气设备产品型号编制方法》(QC/T 73—1993),汽车交流发电机的型号编制规则如图 3-2 所示。

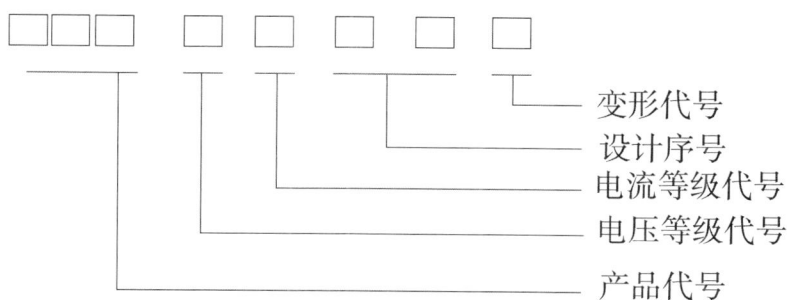

图 3-2 汽车交流发电机型号编制规则

图中代号含义如下:

(1)产品代号。交流发电机的产品代号有 JF、JFZ、JFB、JFW 四种,分别表示交流发电机、整体式交流发电机、带泵式交流发电机、无刷交流发电机(字母"J""F""Z""B""W"分别为"交""发""整""泵""无"字的汉语拼音第一个大写字母)。

(2)电压等级代号。电压等级代号用一位阿拉伯数字表示,"1"代表 12V,

"2"代表24V。

(3)电流等级代号。电流等级代号含义见表3-1。

电 流 等 级 代 号   表3-1

电流等级代号	1	2	3	4	5	6	7	8	9
电流（A）	≤19	20～29	30～39	40～49	50～59	60～69	70～79	80～89	≥90

(4)设计序号。按产品设计先后顺序,用1~2位阿拉伯数字表示。

(5)变形代号。交流发电机以调整臂位置作为变形代号。从驱动端看,调整臂在中间的不加标记,在左边时用"Z"表示,在右边时用"Y"表示;若发电机逆时针旋转,则最后一个字母用"N"表示。

二、普通交流发电机的结构

普通交流发电机主要由转子总成、定子总成、整流器、电刷组件、前后端盖、风扇及皮带轮等组成,其结构如图3-3所示。

图3-3 普通交流发电机分解图

1-后端盖;2-电刷架;3-电刷;4-电刷弹簧压盖;5-硅二极管;6-散热板;7-转子总成;8-定子总成;9-前端盖;10-风扇;11-皮带轮

1. 转子总成

转子总成由转子轴、磁轭、励磁绕组、爪形磁极和滑环组成,如图3-4所示,其作用是产生磁场。两块六爪磁极压装在转子轴上,爪极的空腔内装有导磁用的铁芯(也称磁轭),铁芯上绕有励磁绕组,励磁绕组的两根引线分别焊在与轴绝缘的两个滑环上。当发电机工作时,两电刷与直流电源连通,可为励磁绕组提供定向电流并产生轴向磁通,使两块爪极被分别磁化为 N 极和 S 极,从而形成犬牙交错并沿圆周方向均匀分布的 6 对磁极。当转子转动时,就形成了旋转的磁场。

图 3-4 普通交流发电机转子总成
1-滑环;2-转子轴;3-爪极;4-转子铁芯;5-磁场绕组

2. 定子总成

定子总成由定子铁芯和定子绕组组成,如图 3-5 所示,其作用是产生三相交流电动势。定子铁芯一般由相互绝缘且内圆带嵌线槽的圆环状硅钢片叠成,嵌线槽内对称的嵌入三相定子绕组。三相定子绕组有星形(Y)接法和三角形(△)接法两种,一般硅整流发电机的定子绕组都用星形接法,只有少数大功率发电机采用三角形接法。

a)定子绕组星形连接 b)定子绕组三角形连接
图 3-5 普通交流发电机定子总成及连接方式

3. 整流器

整流器的作用是将定子绕组产生的三相交流电转换为直流电。它由整流板和整流二极管组成,如图3-6所示。交流发电机的整流器大多由6只硅二极管组成。引出线为正极、外壳为负极的二极管称为正极管,管壳底上有红色标记;引出线为负极、外壳为正极的二极管称为负极管,管壳底上有黑色标记。所有正极管的负极连在一起形成发电机的正极,该接线柱即为发电机的正极,标记为"B"("+""A"或"电枢");所有负极管的正极通过负整流板连在一起形成发电机的负极。

a)焊接式　　b)电路图　　c)压装式

图3-6　普通交流发电机整流二极管安装示意图

1-正整流板;2-负整流板

图3-7　普通交流发电机
电刷组件

1-电刷架;2、4-励磁绕组接线柱;3-弹簧

4. 电刷组件

电刷组件由电刷、电刷架和电刷弹簧组成,如图3-7所示。

电刷的作用是将电源通过滑环引入励磁绕组。两个电刷分别装在电刷架的孔内,借助弹簧压力与滑环保持接触。

5. 前、后端盖

前、后端盖用来支撑转子和定子总成,并用固定架安装于发动机上。前、后端盖由铝合金制成,具有轻便、减少漏磁、散热性能好等特性。

6. 风扇与皮带轮

风扇起强制性通风散热作用。皮带轮装在转子轴的前端,由发动机曲轴带轮驱动其转动。

三、交流发电机的工作原理与特性

1.交流发电机的工作原理

（1）发电原理。发电机定子的三相绕组按一定规律分布在发电机的定子槽中,内部有一个转子,转子上安装着爪极和励磁绕组。如图3-8所示,当外电路通过电刷使励磁绕组通电时,便产生磁场,爪极被磁化为N极和S极。当转子旋转时,磁通交替地在定子绕组中变化,根据电磁感应原理可知,定子的三相绕组中便产生交变的感应电动势。其电压波形如图3-9a)所示。

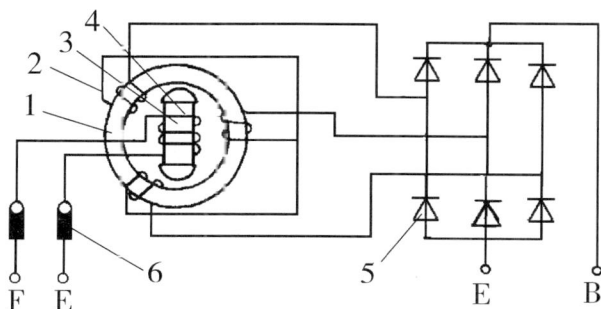

图3-8　交流发电机发电原理示意图

1-定子铁芯;2-定子绕组;3-转子;4-励磁绕组;5-整流二极管;6-电刷

（2）整流原理。不同形式的发电机,整流器二极管的数量也不相同。

①普通（六管）整流器。普通的整流器电路如图3-9b)所示。它是利用二极管的单向导电性,通过桥式整流电路,将电枢绕组产生的三相交流电转换为直流电。三相桥式整流电路中二极管的依次循环导通,其导通原则是:正极端电位最高者导通,负极端电位最低者导通。发电机的输出端B、E上就输出一个脉动直流电压,如图3-9c)所示,负载 R 两端就得到一个比较平稳的脉动直流电压。

a)三相绕组电压波形图　　　　　　b)整流电路

图　3-9

c)整流后发电机输出

图3-9 交流发电机整流原理

有些发电机将三相绕组的中性点引出,标为"N"接线柱,它相对发电机外壳的电压称为中性点电压。一般可用来控制具有各种用途的继电器,如磁场继电器、充电指示灯继电器、起动复合继电器等。其输出电压 U_N 为三个负极管子整流后得到的直流电压 U 的一半,即 $U_N = 1/2\ U$。

②八管整流器。八管整流器电路如图3-10所示。其作用是对中性点处的高次谐波进行整流,并将其输出电流叠加在输出端,以提高发电机的输出功率,因此被称为中性点二极管。实践证明,发电机接入中性点二极管后,当发电机转速达到5000r/min时,功率可提高10%～15%。

图3-10 八管整流器电路图

③九管整流器。九管整流器电路图如图3-11所示,它是在六管整流器的基础上增加了三只较小功率的正极管,形成另外一个三相桥式整流电路,用来输出发电机的励磁电流,因此这三个二极管被称为励磁二极管。采用九管整流器的目的是控制充电指示灯电路,其原理是:发电机不发电或其电压低于蓄电池端电压时,发电机的励磁电路由蓄电池→点火开关SW→充电指示灯L→电压调节器→发电机励磁绕组→搭铁→发电机负极构成回路,充电指示灯被点亮,表明发电机不对蓄电池充电。当发电机电压达到或超过蓄电池端电压时,B_+ 和 D_+ 电位相

同,发电机开始对蓄电池充电,发电机的励磁电路变为:发电机 D_+→电压调节器→发电机励磁绕组→搭铁→发电机负极构成回路。充电指示灯熄灭,表明发电机对蓄电池充电。

图 3-11 九管整流器电路图

④十一管整流器。十一管整流器电路图如图 3-12 所示,它是在六管整流器的基础上增加了两个中性点二极管和三个励磁二极管形成的电路。十一管整流器兼有整流二极管、磁场二极管以及中性点二极管的特点和功能。

图 3-12 十一管整流器电路图

(3)励磁方式。交流发电机采用他励和自励相结合的励磁方式,当交流发电机输出电压低于蓄电池端电压时,发电机的励磁电流由蓄电池供给,称为他励;当发电机输出电压达到蓄电池电压时,发电机的励磁电流由自己供给,称为自励。

交流发电机励磁电流的控制形式有两种,一种是通过调节器控制其火线,机体直接搭铁,这种称为内搭铁交流发电机,如图 3-13a)所示;另一种是通过调节器控制其搭铁,这种称为外搭铁交流发电机,如图 3-13b)所示。

a)内搭铁   b)外搭铁

图 3-13 发电机励磁电流的控制形式

2. 交流发电机的特性

(1)输出特性。输出特性是指在发电机端电压保持额定值不变的情况下,输出电流与转速之间的关系。输出特性曲线如图 3-14a)所示。

a)输出特性

b)空载特性   c)外特性

图 3-14 发电机特性曲线图

由输出特性曲线可以看出:

①当发电机转速大于空载转速 n_1 时,才能在额定电压下向负载供电。

②当发电机转速等于满载转速 n_2 时,发电机输出额定功率。

③当发电机输出电流达到一定值后,输出电流不再随负载的增加和转速的升高而增大,保持基本恒定。可以看出,硅整流发电机自身具有限制最大电流输出的能力。

(2)空载特性。空载特性是指发电机空载时,输出电压与转速的关系。空载特性曲线如图 3-14b)所示。

由空载特性曲线可以看出:发电机空载时,随转速的升高,端电压急剧增加。

小提示:发电机的输出线路必须连接牢固,否则易损坏电子元件或烧坏用电设备。

(3)外特性。外特性是指发电机转速一定时,端电压与输出电流之间的关系。外特性曲线如图3-14c)所示。

由外特性曲线可以看出:

①发电机转速不同,端电压也不同,转速越高,端电压也越高。

②当输出电流达到一定值时,再减小电阻,输出电流反而减小。

四、电压调节器

由于汽车上交流发电机的转子是由发动机通过皮带轮驱动的,因而交流发电机的转速变化范围很大,这样将引起发电机的输出电压发生较大变化。而汽车上用电设备需要的是恒定的电压,因此为了满足汽车上用电设备的要求,交流发电机必须配用电压调节器才能工作。电压调节器的作用是在发电机转速变化时自动改变励磁电流的大小,使发电机输出电压保持稳定。

1. 电压调节器的分类

电压调节器可分为机械式电压调节器和电子式电压调节器两大类。

机械式电压调节器调节精度低、可靠性差、寿命短,现已被淘汰。

电子式电压调节器根据电子元件的形式不同,可分为晶体管电子式电压调节器和集成电路电子式电压调节器,如图3-15所示;根据搭铁形式不同,可分为内搭铁式电子式电压调节器和外搭铁式电子式电压调节器;根据安装位置不同,可分为内置式电子式电压调节器和外置式电子式电压调节器。

2. 集成电路电压调节器

集成电路电压调节器又称IC电压调节器,它是根据使用要求,将电子电路中的若干元件集成在同一基片上,以实现调节器的小型化。它可装在发电机内部,从而减少了外部线路,使工作更加可靠。现广泛应用于帕萨特、丰田、奥迪等多种轿车的发电机上。

下面以丰田轿车用调节器为例介绍集成电路调节器的工作原理。

丰田轿车充电系电路及调节器外形如图3-16所示。调节器装于发电机内部,构成整体式交流发电机。发电机对外有4个接线柱,分别为"B""S""IG""L",搭铁通过本身机体实现。其工作过程如下:

a)晶体管电子式
电压调节器

b)集成电路电子式
电压调节器

图 3-15　两种电子式电压调节器

图 3-16　丰田轿车充电系电路及调节器外形

(1)未起动发动机时,接通点火开关,蓄电池电压加在 IG 端子上,IC 调节器检测到这一电压和 P 点电位,使 VT_1 处于交替断开-接通状态,蓄电池经 B 端子为励磁绕组提供电流。其电流回路为:蓄电池正极→发电机 B 端子→励磁绕组→IC 调节器 F 端子→VT_1→E 端子→搭铁→蓄电池负极。

由于发电机未发电,P 点电压为 0,IC 检测到这一情况,使 VT_3 接通,VT_2 截止,充电指示灯亮,指示蓄电池放电。充电指示灯回路为:蓄电池正极→点火开关 K→充电指示灯→发电机和调节器 L 端子→VT_3→E 端子→搭铁→蓄电池负极。

(2)起动发动机,当发电机输出电压低于调节电压时,P 点电位上升,IC 将 VT_1 由交替断-通变为持续接通,为励磁绕组提供充足的励磁电流。P 点电压上升,IC 使 VT_3 断开,VT_2 接通,充电指示灯熄灭。

(3)当发电机输出电压达到调节电压时,IC 检测到 S 端子电压达到标准电压时,使 VT_1 断开,励磁电流被切断,发电机电压下降,S 端子电压低于标准电压时,IC 检测到这一变化,使 VT_1 又导通,如此反复,控制 S 端电压处于标准值。此时 P 点电压高,IC 使 VT_3 断开,VT_2 接通,充电指示灯熄灭。

(4)当发电机运转而 S 端子断路时,IC 检测到 S 端子没有输入,则使 VT_1 处于接通-断开状态,以保持 B 端子的电压为 13.3 ~ 16.3V。IC 检测到 S 端子电压过低时,使 VT₃ 接通,VT₂ 断开,充电指示灯亮。

(5)当 B 端子断路而 S 端子电压尚未降到最低点(13V)时,IC 又检测到 P 点电压,使 VT₁ 处于接通-断开状态,将 B 端子电压保持在 20V,防止输出电压不正常升高,保护发电机和 IC 调节器。当 S 端子电压降到最低时,IC 检测到这一情况,使 VT₃ 接通,VT₂ 断开,充电指示灯亮。

(6)当励磁绕组断路时,发电机停止发电,P 点电压变为 0,IC 检测到这一状态,使 VT₃ 接通,VT₂ 断开,充电指示灯亮。

课 题 二 发电机的拆装

一、作业前的准备

1. 工具、设备和材料的准备

(1)发电机拆装工具、螺丝刀、组合扳手、扭力扳手、钳子、锤子、压力机、专用工具等。

(2)磁力护裙。

(3)卡罗拉轿车及其维修手册。

2. 作业前场地和车辆的准备

(1)汽车进入工位前,将工位清理干净,准备好相关的器材。

(2)将汽车停驻在工位中央位置。

(3)拉紧驻车制动器操纵杆,并将变速器操纵杆置于空挡(N 挡)或驻车挡(P 挡)位置。

(4)套上转向盘护套、变速器操纵杆手柄套和座位套,铺设脚垫。

(5)在车内拉动发动机舱盖手柄,在车外打开并支撑发动机舱盖。

(6)粘贴翼子板和前脸磁力护裙。

二、发电机电路的连接

下面以卡罗拉轿车为例进行讲解。其发电机电路的连接情况如图 3-17 所示,发电机电路中各个零部件在实车上的位置如图 3-18 所示。

图 3-17 卡罗拉轿车充电系统电路图

发电机   发动机舱继电器盒

图 3-18

组合仪表-
充电警告灯

仪表板接线盒-
METER熔断丝-
IG1继电器-
ECU-IG 2号熔断丝

空调控制总成

图 3-18　充电系统部件安装位置

拆装发电机 ALT 熔断器、ALT-S 熔断器、ECU-B 熔断器、IG2 继电器（集成）装在发动机 1 号接线盒内。发动机 1 号继电器盒位于发动机舱左侧，如图 3-19 所示。

三、发电机的拆装

1. 发电机的拆卸

拆装发电机相关部件，分解图如图 3-20 所示。

（1）断开蓄电池负极电缆线。

（2）拆卸发动机后部右侧底罩。

（3）拆下 6 个卡子和散热器上空气导流板，如图 3-21 所示。

（4）拆卸 2 号汽缸盖罩。握住罩的后端并提起，以脱开罩后端的 2 个卡子。继续提起罩，以脱开罩前端的 2 个卡子并拆下罩，如图 3-22 所示。

小提示：同时脱开前后卡子可能会使组盖破裂。

（5）拆卸多楔带。先松开螺栓 A 和 B，再松开螺栓 C，然后拆下多楔带，如图 3-23所示。

小提示：不要松开螺栓 D。

图 3-19　发动机 1 号继电器盒

*1:50A HTR(大电流)
*2:50A ABS NO.1(大电流)
*3:30A ABS NO.3(大电流)
*4:40A RDI FAN(大电流)
*5:30A H–LP CLN(大电流)
*6:50A H–LP MAIN(大电流)
*7:50A P/I(大电流)
*8:60A EPS(大电流)
*9:120A ALT(大电流)
*10:30A HTR SUB NO.3
　(大电流)
*11:30A HTR SUB NO.2(大电流)
*12:30A HTR SUB NO.1(大电流)
*13:15A H–LP LH LO(HID型)
　10A H–LP LH LO
　(除HID型外)
*14:15A H–LP RH LO(HID型)
　10A H–LP RH LO
　(除HID型外)
*15:10A H–LP LH HI
*16:10A H–LP RH HI
*17:10A EFI NO.1
*18:10A EFI NO.2

多楔带

9.8

19

端子盖

发电机总成

8.4

线束卡夹支架

43

2号汽缸盖罩

×6

散热器上空气导流板

×5

发动机后部右侧底罩

图 3-20　拆装发电机相关部件分解图

注:方框内数据为规定力矩,N·m。

图 3-21　6 个卡子和散热器上空气导流板

图 3-22　2 号汽缸盖罩的拆卸

图 3-23 多楔带的拆卸

(6)拆卸发电机总成。

①如图 3-24 所示,拆下端子盖,拆下螺母,从端子 B 上断开线束,断开连接器和线束卡夹。

②如图 3-25 所示,拆下 2 个螺栓和发电机总成。

图 3-24 发电机总成拆装 1

图 3-25 发电机总成拆装 2

③如图 3-26 所示,拆下螺栓和线束卡夹支架。

图 3-26 发电机总成拆装 3

2. 发电机的解体

发电机分解图如图 3-27 所示。

图 3-27　发电机分解图

注：方框内数据为规定力矩，N·m。●表示不可重复使用零件。

（1）拆卸发电机皮带轮。

①如图 3-28 所示，用螺丝刀撬下发电机皮带轮盖。

②设置 SST（A）和（B），如图 3-29a）所示；将 SST（A）夹在台钳上，将转子轴一端放在 SST（A）中，如图 3-29b）所示；将 SST（B）安装到离合器皮带轮上，如图 3-29c）所示；按图 3-29d）所示方向转动 SST（B），拧松皮带轮。

小提示：为防止损坏转子轴，拧松传动带轮螺母时，一次转动范围不要超过半圈。

图 3-28　发电机皮带
轮盖的拆卸

③从 SST 上拆下发电机总成,将离合器皮带轮从转子轴上拆下。

(2)拆卸发电机后端罩。如图 3-30a)所示,将发电机总成放在离合器皮带轮上;如图 3-30b)所示,拆下 3 个螺母和发电机后端盖。

(3)拆卸发电机端子绝缘垫,如图 3-31 所示。

(4)拆卸发电机电刷架总成。如图 3-32 所示,从发电机线圈上拆下 2 个螺钉和电刷架。

(5)拆卸发电机线圈总成。如图 3-33a)所示,拆下 4 个螺栓;如图 3-33b)所示,用 SST 拆下发电机线圈总成。

图 3-29　发电机皮带轮的拆卸

图 3-30　发电机后端罩的拆卸

图 3-31　发电机端子绝缘 图 3-32　发电机电刷架
　　　　垫的拆卸 　　　　总成的拆卸

a) b)

图 3-33　发电机线圈总成的拆卸

（6）拆卸发电机转子总成。如图 3-34a）所示，拆下发电机垫圈；如图 3-34b）所示，拆下发电机转子总成。

a) b)

图 3-34　发电机转子总成的拆卸

（7）拆卸发电机驱动端端盖轴承。如图 3-35a）所示，从驱动端端盖上拆下 4 个螺钉和挡片；如图 3-35b）所示，用 SST 和锤子驱动端端盖中敲出端盖轴承。

a) b)

图 3-35　驱动端端盖轴承的拆卸

3. 发电机的装配

（1）安装发电机驱动端端盖轴承。如图 3-36a) 所示,用 SST 和压力机,压入一个新的发电机驱动端端盖轴承;如图 3-36b) 所示,将挡片上的凸舌嵌入驱动端端盖上的切口中,安装 4 个螺钉。力矩为 2.3 N·m。

图 3-36　发电机驱动端端盖轴承的安装

（2）安装发电机转子总成。

①将驱动端端盖放在离合器皮带轮上。

②将发电机转子总成安装到驱动端端盖上,如图 3-37a) 所示。

③将发电机垫圈放在发电机转子上,如图 3-37b) 所示。

图 3-37　发电机转子总成的安装

（3）安装发电机线圈总成。使用 SST 和压力机,慢慢地压入发电机线圈总成,如图 3-38a) 所示;安装 4 个螺栓,如图 3-38b) 所示。力矩为 5.8 N·m。

图 3-38　发电机线圈总成的安装

(4)安装发电机电刷架总成。

①将2个电刷推入发电机电刷架总成的同时,在电刷架孔中插入一个直径1.0mm的销,如图3-39a)所示。

②用2个螺钉将电刷架总成安装到发电机线圈上,如图3-39b)所示。力矩为1.8 N·m。

③将销从发电机电刷架中拔出,如图3-39c)所示。

图3-39　发电机电刷架总成的安装

(5)安装发电端子绝缘垫,如图3-40所示。

小提示:注意图中所示端子绝缘垫的安装方向。

(6)安装发电机后端盖。用3个螺母将发电机后端盖安装到发电机线圈上,如图3-41所示。力矩为4.6 N·m。

图3-40　发电机端子绝缘垫的安装　　图3-41　发电机后端盖的安装

(7)安装发电机皮带轮。

①将皮带轮临时安装到转子轴上。

②设置 SST(A)和 SST(B)。

③将 SST(A)夹在台钳上。

④将转子轴一端放在 SST(A)中。

⑤将 SST(B)安装到皮带轮上。

⑥按图3-42所示方向转动 SST(B),紧固皮带轮。

力矩:不使用 SST 为111 N·m,使用 SST 为84N·m。

小提示:使用力臂长度为318 mm 的扭力扳手,当 SST 与扭力扳手平行时,

SST(B)

长度100mm

图3-42 皮带轮的紧固

力矩值有效。

⑦从 SST 上拆下发电机总成。

⑧检查并确认皮带轮旋转平稳。

⑨将一个新的皮带轮盖安装到离合器皮带轮上。

4.发电机的安装

(1)安装发电机总成。

①用螺栓安装线束卡夹支架,如图3-43a)所示。力矩为8.4 N·m。

②用2个螺栓暂时安装发电机总成,如图3-43b)所示。

③用螺母将线束安装到端子 B 并安装端子盖,如图3-43c)所示。力矩为9.8N·m。

④安装连接器和线束卡夹。

a)   b)   c)

图3-43 发电机总成的安装

(2)安装多楔带。

(3)调整多楔带。转动螺栓 C,以调节多楔带的张紧力。紧固螺栓 A 和 B。力矩如下:螺栓 A 为 19 N·m;螺栓 B 为 43 N·m。

小提示:确认螺栓没有松动。

(4)检查多楔带。

①目视检查皮带是否过度磨损、加强筋损坏等。如果发现任何损坏,须更换皮带。

小提示:如果发现任何损坏,须更换皮带。传动皮带的带棱侧出现一些裂纹是可以接受的;如果皮带棱上有脱落,则更换皮带。

②安装好传动皮带后,检查并确认皮带正确安装在楔形槽中。用手检查,以

确认皮带没有从曲轴皮带轮底部的凹槽中滑脱,如图 3-44 所示。

小提示:"新皮带"是指在发动机运转的情况下使用时间少于 5 min 的皮带。"用过的皮带"是指在发动机运转的情况下使用时间长达 5 min 或以上的皮带。

③检查多楔带的偏移量和张紧度,如图 3-45 所示。多楔带的偏移量和张紧度应分别满足表 3-2、表 3-3 的要求。

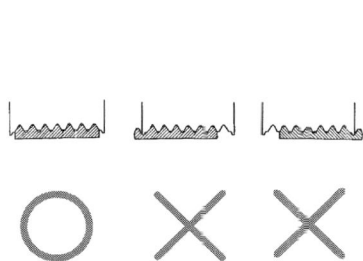

图 3-44　多楔带的安装　　　　图 3-45　多楔带的检查

偏 移 量　　　　　　　　　　　　　　　　　　　表 3-2

项　　　目	规 定 状 态
新皮带	7.5~8.6mm
用过的皮带	8.0~10.0mm

张 紧 度　　　　　　　　　　　　　　　　　　　表 3-3

项　　　目	规 定 状 态
新皮带	637~735N
用过的皮带	392~588N

小提示:在规定点处检查多楔带的偏移。检查多楔带偏移量时,须向其施加 98N 的张紧力。

安装新皮带时,将其张紧力调整至规定值;运转发动机约 5min 后,重新检查皮带张紧度。检查使用超过 5min 的皮带时,采用用过的皮带的规格。重新安装使用超过 5min 的皮带时,调整其偏移量和张紧力至各用过的皮带规格的中间值。使用皮带张力计时,首先用基准仪表确认其精确度。

(5)安装 2 号汽缸盖罩(图 3-22)。

(6)安装散热器上空气导流板(图 3-21)。

(7)安装发动机后部右侧底罩。

(8)将电缆连接到蓄电池负极端子上。力矩为5.4N·m。

四、评价与反馈

(1)对学习任务进行评价,学习任务评分表见表3-4。

学习任务评分表   表3-4

考核项目	评分标准	分数	学生自评	小组互评	教师评价	小计
团队合作	是否和谐	5				
活动参与	是否积极主动	5				
安全生产	有无安全隐患	10				
现场5S	是否做到	10				
任务方案	是否正确、合理	15				
操作过程	发动机电路各部件的查找与连接;拆卸发电机;安装发电机	30				
任务完成情况	是否圆满完成	5				
工具和设备使用	是否规范、标准	10				
劳动纪律	是否能严格遵守	5				
工单填写	是否完整、规范	5				
总分		100				
教师签写:			年　月　日		得分	

(2)能否向顾客提出正确使用汽车发电机的建议?

项目四　起动机的结构与拆装

课题一　起动机的结构与工作原理

一、起动机的作用、分类和型号

1. 起动机的作用

汽车起动系统一般是由蓄电池、点火开关、起动机、起动继电器等部件组成。起动机的作用就是起动发动机,发动机起动之后,起动机便立即停止工作。其在车上的安装与连接如图4-1所示。

2. 起动机的分类

按控制方式不同,起动机可分为直接操纵式起动机和电磁操纵式起动机。

图4-1 起动机在汽车上的安装与连接

按传动机构啮合方式不同,起动机可分为惯性啮合式起动机、强制啮合式起动机和电枢移动式起动机。其中,强制啮合式起动机靠电磁力拉动杠杆,强制拨动驱动齿轮与飞轮齿圈啮合。其特点是啮合机构简单、动作可靠、操作方便,目前广泛使用,如图4-2所示。

图4-2 强制啮合式起动机

除上述起动机以外,还有永磁式起动机和减速式起动机等。

3.起动机的型号

根据《汽车电气设备产品型号编制方法》(QC/T 73—1993),汽车起动机的型号编制规则如图4-3所示。

图中代号含义如下:

(1)产品代号。产品代号有 QD、QDJ、QDY 三种,分别表示普通电磁式起动机、减速式起动机、永磁式起动机(字母"Q""D""J""Y"分别为"起""动""减""永"字的汉语拼音第一个大写字母)。

(2)电压等级代号。电压等级代号用一位阿拉伯数字表示,"1"代表12V,"2"代表24V。

(3)功率等级代号。功率等级代号用一位阿拉伯数字表示,含义见表4-1。

（4）设计序号。按产品设计先后顺序,用 1～2 位阿拉伯数字表示。

（5）变形代号。一般电气参数变化和结构改变时,以大写字母 A、B、C……顺序表示。

例如:QD123 表示额定电压为 12V,功率为 1～2kW,第三次设计的起动机。

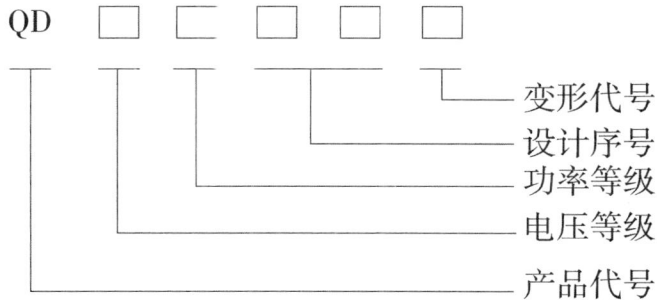

图 4-3　汽车起动机型号编制规则

功率等级代号及含义　　　　　　　　　　表 4-1

功率等级代号	1	2	3	4	5	6	7	8	9
功率(kW)	<1	1～2	2～3	3～4	4～5	5～6	6～7	7～8	>8

二、普通电磁操纵式起动机的结构

普通电磁操纵式起动机一般由直流电动机、传动机构(或称啮合机构)和控制装置(电磁开关)三部分组成。

1.直流电动机

直流电动机的作用是产生力矩。直流电动机的励磁绕组与电枢绕组串联连接,故也称直流串励式电动机。它主要由电枢总成、磁极、电刷及电刷架、壳体与端盖等组成,如图 4-4 所示。

图 4-4　直流电动机的组成

（1）电枢总成。电枢总成又称转子,主要由电枢轴、电枢铁芯、电枢绕组和换向器等组成。其结构如图4-5所示,作用是产生电磁转矩。

电枢铁芯由硅钢片叠成后固定在电枢轴上,电枢绕组由较大截面的矩形裸铜线绕制而成,在铁芯片线槽口两侧,用轧纹将电枢绕组挤紧,以免转子高速运转时将绕组甩出。电枢绕组的端头均匀地焊在换向器铜片上。为防止电枢绕组间短路,铜线之间及铜线与铁芯之间均要用绝缘纸隔开。

换向器的作用是向旋转的电枢绕组注入电流,它由许多截面呈燕尾形的铜片合围而成,如图4-6所示,铜片之间由云母绝缘。

图4-5 电枢总成　　　　图4-6 换向器

（2）磁极。磁极由磁极铁芯和励磁绕组组成,其作用是产生电磁场。

为增大起动转矩,磁极的数量较多,一般为4极,功率超过7.35kW的起动机有用6个磁极的。励磁绕组也由矩形扁铜线绕制而成,一般为6~10匝,铜带之间用绝缘纸绝缘,并用白布带以半叠包扎法包好浸上绝缘漆烘干。磁极铁芯用螺钉固定在外壳上,绕组通电后产生磁场,形成N、S极相间排列的形式,如图4-7所示。

a)铁芯　　　　b)励磁绕组　　　　c)磁路

图4-7 磁极

励磁绕组的一端接在外壳的绝缘接线柱上,另一端与两个非搭铁电刷相连,其内部电路如图4-8所示。采用后一种形式,可以在导线截面不变的情况下增大起动电流,提高起动转矩。

a)四个绕组相互串联　　　b)两个绕组串联后再并联

图4-8　直流电动机内部线路

1-接线柱;2-换向器;3-搭铁电刷;4-绝缘电刷;5-励磁绕组

（3）电刷及电刷架。电刷及电刷架的作用是将电流引入电动机。直流电动机一般有四个电刷及电刷架,如图4-9所示。电刷架固定在前端盖上,其中两个对置的电刷架与端盖绝缘,称为绝缘电刷架;另外两个对置的电刷架与端盖直接铆合而搭铁,称为搭铁电刷架。电刷由铜粉与石墨粉压制而成,加入铜粉是为了减少电阻并增加耐磨性。电刷装在电刷架中,借弹簧压力将它紧压在换向器铜片上。电刷弹簧的压力一般为 12～15N。

图4-9　电刷及电刷架

（4）壳体与端盖。外壳用钢板焊接或用无缝钢管制成,内部固定有磁极。外壳上有一绝缘接线柱与励磁绕组相连,其两端还留有组装用的定位槽或缺口。

图4-10　起动机机壳

驱动端盖(前端盖)用铸铁铸造,其上有拨叉座和驱动齿轮行程的调整螺钉,还有支撑拨叉的轴销孔,因电枢轴较长,故前端盖上还装有中间支撑板。后端盖用钢板冲压(无检查窗口)或用铝合金铸造(带有检查窗口),前后端盖上都压装着青铜石墨或铁基含油滑动轴承。两端盖与壳体间靠两个穿心连接螺栓组装成一个整体,如图4-10所示。

2. 直流电动机的工作原理及特性

(1)工作原理。直流电动机是将电能转换为机械能的装置,它是根据载流导体在磁场中受到电磁力作用这一原理设计而成的,其工作原理如图4-11所示。在磁场中放置一个线圈(即电枢绕组),线圈的两端分别与两片换向片连接,两只电刷分别压在换向片上,并分别与蓄电池的正极和负极连接。如图4-11a)所示,当换向片A与正电刷接触、换向片B与负电刷接触时,线圈中的电流方向为a→b→c→d,由左手定则可以确定,线圈受到逆时针方向的转矩作用,电枢绕组及换向片在电磁力矩的作用下逆时针转动;当线圈转动至换向片B与正电刷接触,换向片A与负电刷接触时,线圈中的电流方向变为d→c→b→a(换向器适时地改变了线圈中电流的方向),如图4-11b)所示,线圈仍然受到逆时针方向的转矩作用,电枢绕组及换向片在电磁力矩的作用下继续逆时针转动。

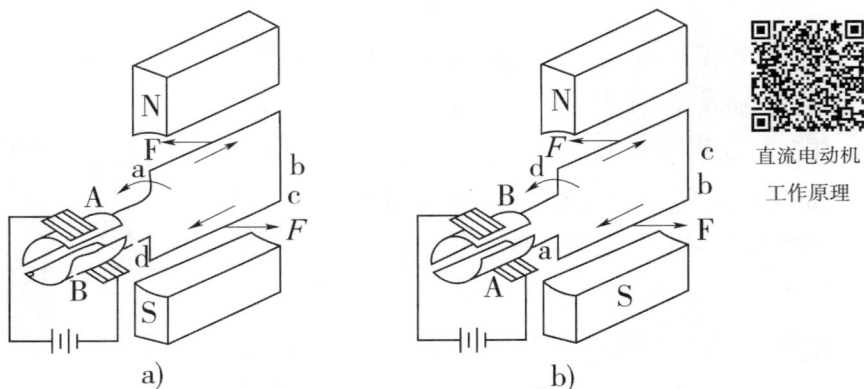

图4-11 直流电动机的工作原理

为了增大电磁转矩和转动的平稳性,电动机都采用多组线圈和相应的换向片,同时用多对磁极产生磁场。电磁转矩的大小与电枢电流以及磁极磁通的大小成正比,表示为:

$$M = C_m I_s \phi \qquad (4-1)$$

式中:C_m——电机常数;

I_s——电枢电流;

ϕ——磁极磁通。

(2)工作特性。如图4-12所示为直流电动机工作特性曲线。曲线M为转矩特性曲线,当直流串励式电动机转速$n=0$时,电枢电流达到最大值,起动转矩大,在起动瞬间能提供大转矩。曲线n为转速特性曲线,电动机轻载时转速高、重载时转速低,能够保证发动机起动的需要。曲线 P 为功率特性曲线,当电枢电流约为制动电流的一半时,电动机发出最大功率,具有在短时间内输出最大功率的能力。

小提示: 对于较大功率的起动机,不允许在轻载或空载情况下长时间运行。

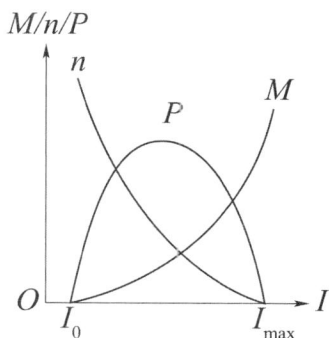

图 4-12 直流电动机工作特性

3.起动机的传动机构

传动机构的作用是把直流电动机产生的转矩传递给飞轮齿圈,再通过飞轮齿圈把转矩传递给发动机的曲轴,使发动机起动后,飞轮齿圈与驱动齿轮自动打滑脱离。传动机构一般由驱动齿轮、单向离合器、拨叉、啮合弹簧等组成,如图 4-13 所示。在传动机构中,结构和工作情况比较复杂的是单向离合器,它的作用是传递电动机转矩,起动发动机,而在发动机起动后自动打滑,保护起动机电枢不致飞散。常用的单向离合器主要有滚柱式、弹簧式和摩擦片式等几种。

图 4-13 起动机的传动机构

(1)滚柱式单向离合器。滚柱式单向离合器是通过改变滚柱在楔形槽中的位置来实现接合和分离的,其结构分为十字块式和十字槽式两种,如图 4-14 所示。

如图 4-15a)所示,发动机起动时,滚柱式单向离合器的滚柱处于楔形槽的窄处被卡死,将起动机转矩传递给驱动齿轮,带动飞轮齿圈旋转起来。如图 4-15b)所示,发动机起动以后,转速升高,飞轮齿圈则带动驱动齿轮旋转,滚柱滚入楔形槽的宽处而打滑,使发动机的转矩不会传给电枢,从而避免了电枢绕组出现超速飞散的危险。

a)十字块式   b)十字槽式

图 4-14   滚柱式单向离合器

a)起动时   b)起动后

图 4-15   滚柱式单向离合器工作原理

滚柱式单向离合器工作时滚柱属线接触传力,具有结构简单、坚固耐用、工作可靠的优点,但在传递大转矩时滚柱易卡滞,故常用于中、小功率的起动机上。

(2)弹簧式单向离合器。弹簧式单向离合器是通过扭力弹簧的径向收缩和放松来实现离合的,其结构如图 4-16 所示。离合器的齿轮与花键套筒采用浮动的月形定位键连接,齿轮后端传力圆柱表面和花键套筒外圆柱面上包有扭力弹簧,扭力弹簧两端各有 1/4 圈内径较小,分别箍紧在齿轮柄和套筒上,扭力弹簧外装有护套。

弹簧式单向离合器具有结构简单、寿命长、成本低的特点。因扭力弹簧圈数较多、轴向尺寸较大,故多用于大、中型起动机上。

(3)摩擦片式单向离合器。摩擦片式单向离合器是通过主、从动摩擦片的压紧和放松来实现离合的,其结构如图 4-17 所示。花键套筒套的外表面上有三线螺旋花键,套着内接合鼓(主动鼓),内接合鼓上有 4 道轴向槽,主动摩擦片的内凸齿插在其中,从动摩擦片的外凸齿插在与驱动齿轮成一体的外接合鼓(从动鼓)的槽中,主、从动摩擦片相间排列。在花键套筒的左端拧有螺母,螺母与摩擦片之间装有弹性圈、压环及调整垫片,通过加减垫片即可调整其最大转矩。

图 4-16　弹簧式单向离合器

图 4-17　摩擦片式单向离合器

摩擦片式单向离合器可以传递较大转矩,并能在超载时自动打滑,防止因超载而损坏起动机。但由于该离合器结构复杂,传动比不能太大,摩擦片容易磨损,磨损后摩擦系数会逐渐降低,所以需要经常检查和调整。额定功率为2.2～8.1kW的中型起动机和11kW的大型起动机常采用该种离合器。

4.起动机的控制装置

控制装置的作用是控制驱动齿轮和飞轮的啮合与分离,并且控制起动机电路的接通与切断。常用的控制装置有机械式控制装置和电磁式控制装置两种,现代汽车上广泛使用电磁式控制装置(电磁开关),如图4-18所示。电磁式控制装置主要由吸引线圈、保持线圈、复位弹簧、可动铁芯、接触片等组成。其中,端子50接点火开关,通过点火开关再接电源,端子30直接接电源。

电磁式控制装置的基本工作过程如下:如图4-19所示,当起动电路接通后,

图 4-18 电磁式控制装置

保持线圈的电流经起动机端子 50 进入,经线圈后直接搭铁,吸引线圈的电流也经起动机端子 50 进入,经电动机的励磁线圈和电枢绕组后搭铁。两线圈通电后产生较强的电磁力,克服复位弹簧弹力使活动铁芯移动,一方面通过拨叉带动驱动齿轮移向飞轮齿圈并与之啮合,另一方面推动接触片移向端子 30 和端子 C 的触点,在驱动齿轮与飞轮齿圈进入啮合后,接触片将两个主触点接通,使电动机通电运转。在驱动齿轮进入啮合之前,由于经过吸引线圈的电流经过了电动机,所以电动机在这个电流的作用下会缓慢旋转,以便于驱动齿轮与飞轮齿圈进入啮合。在两个主接线柱触点接通之后,蓄电池的电流直接通过主触点和接触片进入电动机,使电动机进入正常运转,此时通过吸引线圈的电路被短路,因此,吸引线圈中无电流通过,主触点接通的位置靠保持线圈来保持。发动机起动后,放开起动开关,切断端子 50 的电源,电流流向为电源正极→端子 30→接触片→吸引线圈→保持线圈→搭铁,两铁芯产生的反向磁力推动活动铁芯回位,切断电动机的电路,同时也使驱动齿轮与飞轮齿圈脱离啮合。

图 4-19 电磁式控制装置的基本工作过程

三、其他起动机的结构

1. 减速式起动机的结构

减速式起动机的结构特点是在电机轴与驱动齿轮之间增加一套减速机构。它的优点是:可采用小型高速低转矩的电动机,使起动机的体积小、质量轻、便于安装;起动转矩大,利于起动;结构简单、效率高,保证了良好的机械性能,拆装维修方便,被现代汽油发动机多采用。减速式起动机的结构如图 4-20 所示。

图 4-20　减速式起动机

1-磁场绕组;2-磁极;3-主接线柱;4-电磁开关;5-活动铁芯;6-拨叉;7-电枢;8-外壳;9-减速齿轮;10-花键轴;11-单向离合器;12-驱动齿轮

减速式起动机根据减速机构不同,可分为外啮合式、内啮合式和行星齿轮式三种,如图 4-21 所示。

2. 永磁式起动机的结构

永磁式起动机的结构特点是利用永磁材料做起动机的磁极,其优点是取消了励磁绕组和铁芯,使起动机的体积和质量大大减小和减轻;缺点是随着使用时间的增加,去磁现象会日益严重,将造成起动机的功率下降,所以目前仅限于在小功率起动机上应用。永磁式起动机的结构如图 4-22 所示。

图 4-21　减速式起动机的结构

图 4-22　永磁式起动机的结构

四、起动继电器

汽车起动时需要很大的起动电流,若用点火开关直接控制起动电路,容易烧毁点火开关,为此在装用较大功率起动机时,常用起动继电器来控制起动电路。起动继电器的作用就是以小电流控制大电流,保护点火开关。

1.起动继电器的分类

起动继电器分为简单继电器和复合继电器两种。

2.起动继电器的工作原理

起动继电器的工作原理如图 4-23 所示。点火开关置于起动挡时,起动继电器线圈中有电流通过,产生电磁吸力,使触点闭合,接通起动机主电路,回路为:蓄电池"+"→继电器 B 接线柱→继电器触点→继电器 ST 接线柱→起动机电磁开关50→蓄电池"-",起动机工作。松开点火开关,继电器线圈中的电流中断,在复位弹簧的作用下触点断开,起动机停止工作。

a)接线图　　　　b)原理图

图 4-23　起动继电器的工作原理

课题二　起动机的拆装

一、作业前的准备

1.工具、设备和材料的准备

(1)起动机拆装工具、螺丝刀、组合扳手、扭力扳手、钳子、锤子、压力机、专用工具等。

(2)磁力护裙。

(3)卡罗拉轿车及其维修手册。

2.作业前场地和车辆的准备

(1)汽车进入工位前,将工位清理干净,准备好相关的器材。

(2)将汽车停驻在工位中央位置。

(3)拉紧驻车制动器操纵杆,并将变速器操纵杆置于空挡(N 挡)或驻车挡(P 挡)位置。

(4)套上转向盘护套、变速器操纵杆手柄套和座位套,铺设脚垫。

(5)在车内拉动发动机舱盖手柄,在车外打开并支撑发动机舱盖。

(6)粘贴翼子板和前脸磁力护裙。

二、起动机电路的连接

以卡罗拉 1ZR—FE 轿车为例,其起动机电路的连接情况如图 4-24 所示。起动机电路各零部件在实车上的位置如图 4-25 所示。

图 4-24 卡罗拉 1ZR—FE 轿车起动机电路连接图

ECM

起动机

驻车挡/空挡位置开关

发动机舱继电器盒

图 4-25　卡罗拉 1ZR—FE 轿车起动机电路各零部件安装位置图

三、起动机的拆装

1. 起动机的拆卸

拆装起动机相关部件的分解图如图 4-26 所示。

散热器上空气导流板

×6

线束支架

8.4

9.8

37

37

起动机总成

图 4-26　拆装起动机相关部件分解图

注:方框内数据为规定力矩,N·m。

（1）断开蓄电池负极端子的电缆。

（2）拆卸散热器上空气导流板。

（3）拆卸起动机总成。如图4-27所示，分离2个线束卡夹；拆下螺栓和线束支架；拆下端子盖；拆下螺母并断开端子，断开连接器；拆下2个螺栓；拆下起动机总成。

图4-27　起动机组成的拆卸

2.起动机的安装

（1）安装起动机总成。如图4-28所示，用2个螺栓安装起动机总成，连接连接器，用螺母连接端子，合上端子盖，用螺栓安装线束支架，安装2个线束卡夹。

图4-28　起动机总成的安装

（2）安装散热器上导流板。

（3）将电缆连接到蓄电池负极端子上。

四、继电器联通关系的测试

如图4-29所示，参考图4-24，参考表4-2测量电压，所测值应符合标准。如测量结果异常，需检修起动机总成、线束及连接器、起动继电器等。起动继电器的检查参见表4-3。检查时需从妾线盒上拆下起动继电器。

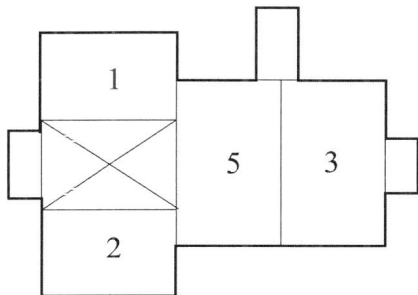

图4-29　起动继电器端子

起动继电器的电压测试　　　　　　　　　　表4-2

检测仪连接	条　件	规定状态
起动继电器端子5-车身搭铁	始终	11～14V
起动继电器端子2-车身搭铁	始终	低于1V

起动继电器的检查　　　　　　　　　　表4-3

检测仪连接	条　件	规定状态
起动继电器端子3-起动继电器端子5	端子1和2之间未施加蓄电池电压时	10kΩ 或更大
起动继电器端子3-起动继电器端子5	在端子1和2之间施加蓄电池电压时	小于1Ω

五、评价与反馈

(1)对学习任务进行评价,学习任务评分表见表4-4。

学习任务评分表   表4-4

考核项目	评分标准	分数	学生自评	小组互评	教师评价	小计
团队合作	是否和谐	5				
活动参与	是否积极主动	5				
安全生产	有无安全隐患	10				
现场5S	是否做到	10				
任务方案	是否正确、合理	15				
操作过程	起动机电路各部件的查找与连接;拆卸起动机;安装起动机	30				
任务完成情况	是否圆满完成	5				
工具和设备使用	是否规范、标准	10				
劳动纪律	是否能严格遵守	5				
工单填写	是否完整、规范	5				
总分		100				
教师签写:			年 月 日		得分	

(2)能否向顾客提出正确使用汽车起动机的建议?

项目五 点火系的结构与主要部件的拆装

课 题 一   点火系的分类与工作原理

点火系的作用是在发动机各种工况和使用条件下,适时、可靠地产生电火花,点燃汽缸内的可燃混合气。

一、点火系的分类

点火系按点火方式不同,可分为传统点火系和电子点火系。传统点火系的次级电压受发动机汽缸数、火花塞积炭、机械触点等因素的影响,越来越不适应现代发动机对转速、功率和废气排放的要求,因此现代汽车都装用高性能的由计算机控制的电子点火系。电子点火系可分为独立点火式点火系和同时点火式点火系,同时点火式又分为线圈配电式和二极管配电式两种。

独立点火式点火系的各缸都配有一个点火线圈,直接压装在火花塞上,体积小,不易发热;闭合角大,可提供足够高的点火能量。线圈配电式点火系是将两个同时到达上止点的汽缸分为一组,共用一个点火线圈,且点火线圈的总数量是汽缸数的一半,与独立点火式相比,其结构和控制电路较简单,故应用比较多,但能量损失略大。二极管配电式点火系是四个汽缸共用一个点火线圈,利用四个二极管完成配电,对点火线圈要求较高,应用不多。

二、点火系的组成及工作原理

1.点火系的基本组成和作用

如图 5-1 所示,点火系主要由传感器、电控单元和执行器三部分组成。各部分的作用见表 5-1。

图 5-1　点火系的基本组成

点火系的基本组成及作用 表 5-1

组 成		作 用
传感器	空气流量计	检测进气量信号输入 ECU（Electronic Control Unit,电子控制单元）,点火系的主控制信号
	进气歧管压力传感器	
	曲轴位置传感器	检测曲轴转角（转速）信号输入 ECU,点火系的主控制信号
	凸轮轴位置传感器	检测凸轮轴转角信号输入 ECU,点火系的主控制信号
	节气门位置传感器	检测节气门开度信号输入 ECU,点火提前角的修正信号
	冷却液温度传感器	检测发动机冷却液温度信号输入 ECU,点火提前角的修正信号
	进气温度传感器	检测进气温度信号输入 ECU,点火提前角的修正信号
	爆震传感器	检测发动机的爆震信号输入 ECU,点火提前角的修正信号
	起动开关	向 ECU 输入发动机起动信号,点火提前角的修正信号
电控单元	ECU	根据各传感器输入的信号,计算出最佳点火提前角,并将点火控制信号送给点火控制器
执行器	点火控制器	根据 ECU 输出的点火控制信号控制点火线圈初级绕组的通断,在次级绕组中产生高压电;同时向 ECU 反馈点火确认信号
	火花塞	产生电火花,点燃汽缸内可燃混合气

2. 独立点火式点火系的组成和工作原理

独立点火式点火系的组成如图 5-2 所示。

图 5-2　独立点火式点火系的组成

独立点火式点火系的工作原理如图 5-3 所示。

图 5-3　独立点火式点火系的工作原理

发动机控制单元根据各种传感器的信号综合计算,最后确定各个汽缸的最佳点火提前角,向点火控制器发出点火控制指令,由点火控制器直接控制各缸点火线圈初级回路的搭铁,并产生高压电直接传给火花塞(配置控制模块的点火控制器还可向ECU进行点火信号反馈,实时对点火系工作状况进行监测)。

3.线圈配电式点火系的组成和工作原理

在线圈配电式点火系中,点火线圈的高压线直接与火花塞相连,一个点火线圈连接两个缸的火花塞,两缸工作相位相差360°曲轴转角,如图5-4所示。

图5-4　线圈配电式点火系的组成

线圈配电式点火系的工作原理如图5-5所示。

以四缸发动机为例,1缸和4缸、2缸和3缸分别为对应缸,分为两组,每组共用一个点火线圈,同时向两个缸的火花塞供电。当点火线圈初级电路断电时,一个汽缸接近压缩行程上止点,火花塞跳火,点燃该汽缸内的混合气,称为有效火;另一缸接近排气行程上止点,火花塞跳火不起作用,称为无效火。

当点火控制信号为高电位时,相应汽缸点火的初级回路接通;当点火控制信号为低电位时,切断初级回路,在相应点火线圈的次级绕组中产生高压电,点燃可燃混合气,发动机做功。

图 5-5　线圈配电式点火系的工作原理

4.二极管配电式点火系的组成和工作原理

二极管配电式点火系的工作原理如图 5-6 所示,它是主要针对四缸或四的整数倍汽缸发动机而设计的点火系。四个汽缸共用一个点火线圈,利用四个二极管的单向导电性交替完成 1、4 缸和 2、3 缸的配电过程。它对点火线圈要求较高,且受发动机缸数的限制,故应用不是十分广泛。

图 5-6　二极管配电式点火系的工作原理

5.点火闭环控制

点火系能使发动机的点火提前角在各种运转条件下得到精确控制,使发动机的实际点火提前角接近理想点火提前角。

计算机控制点火系的控制方式可分为开环控制和闭环控制两种,目前广泛采用利用爆震传感器的信号作为反馈信号,来实现点火提前角的闭环控制,如图5-7所示。爆震传感器将传到缸体上的机械振动转换成电信号输入发动机的ECU中,ECU据此信号,分析判断有无爆震及爆震的强弱,然后输出相应的指令调整点火提前角。爆震强,推迟点火的角度大;爆震弱,推迟点火的角度小。爆震消除后,再分步将点火提前角增大,回到爆震前的状态,使发动机始终处于接近爆震而又不爆震的边缘状态,保证缸内燃烧的热效率最高。

图 5-7　点火提前角的闭环控制

6.点火系的主要部件

(1)电源。电源是蓄电池或发电机,作用为点火系提供所需的电能。发动机起动时由蓄电池供电,正常工作时由发电机供电。

(2)点火开关。点火开关的作用是接通或切断发动机电控系统电源,控制发动机起动、工作和熄火。

(3)点火线圈。点火线圈的作用是将电源提供的12V的低压电转换成能击穿火花塞间隙的15～20kV的高压电。它由初级绕组、次级绕组和铁芯等组成。

点火线圈按结构形式不同可分为三种:一是线圈配电式点火系配用的点火线圈;二是独立点火系配用的点火线圈;三是二极管配电式点火系配用的点火线圈。

①线圈配电式点火系配用的点火线圈。线圈配电式点火系配用的点火线圈采用小型闭磁路点火线圈,如图5-8所示。每组点火线圈供应两缸高压电,两汽缸同时点火,压缩行程的汽缸压力较高,所需跳火电压高,排气行程汽缸压力接近大气压,所需电压低,因此能保证压缩行程汽缸有足够的点火能量。为防止初级绕组接通的瞬间火花塞误跳火,在电路中设置有高压二极管。

图5-8 线圈配电式点火系配用的点火线圈

②独立点火式点火系配用的点火线圈。独立点火式点火系中一个汽缸配用一个点火线圈,其内部结构如图5-9所示。点火线圈直接安装在汽缸盖上,没有分缸高压线,点火能量损失小,各缸的点火时刻更准确。

图5-9 独立点火式点火系配用的点火线圈

③二极管配电式点火系配用的点火线圈。二极管配电式点火系配用的点火线圈如图5-10所示,它是利用二极管的单向导通特性,对点火线圈产生的高压电进行分配的同时点火方式。

a)点火线圈外观   b)点火线圈内部电路

图5-10   二极管配电式点火系配用的点火线圈

(4)火花塞。火花塞的作用是将高压电引入汽缸燃烧室产生电火花点燃混合气,其结构如图5-11所示。火花塞的电极间隙一般为0.7～0.9mm,为适应发动机排气净化的要求,采用稀混合气,火花塞的间隙可增大至1.0～1.2mm。

火花塞结构

图5-11   火花塞的结构

拓展学习——火花塞的选用

火花塞工作时,周期性地受到高温燃气作用,使绝缘体裙部温度升高,这部分热量主要通过壳体、绝缘体、中心电极、金属杆等传至缸体或散发到空气中,当吸收和散发的热量达到平衡时,火花塞的各个部分将保持一定的温度。火花塞的发火部位吸热并向发动机冷却系散发的性能,称为火花塞的热特性。实践证明,当火花塞绝缘体裙部的温度保持在 500~600℃时,落在绝缘体上的油滴能立即烧去,不形成积炭,这个温度称为火花塞的自净温度。低于这个温度时,火花塞常因产生积炭而漏电,导致不点火;高于这个温度时,若混合气与炽热的绝缘体接触,可能早燃而引起爆燃,甚至在进气行程中燃烧,产生回火现象。

火花塞的热特性主要取决于绝缘体裙部的长度,如图 5-12 所示。绝缘体裙部长的火花塞,受热面积大,传热距离长,散热困难,裙部温度高,称为热型火花塞;反之,裙部短的火花塞,受热面积小,传热距离短,容易散热,裙部温度低,称为冷型火花塞。热型火花塞适用于低速、低压缩比、小功率的发动机;冷型火花塞适用于高速、高压缩比、大功率的发动机。

快速传热　中等传热　缓慢传热
冷型 ← → 热型

图 5-12　火花塞的热特性

火花塞的热特性常用热值或炽热数表示。我国是以绝缘体裙部长度标定的热值表示。热值代号 1、2、3 为热型火花塞;4、5、6 为中型火花塞;7、8、9、10、11 为冷型火花塞。

(5)高压线。为了减轻无线电的干扰,高压线为有一定电阻的高压阻尼线(图 5-13),阻值一般在几千欧至几十千欧不等。火花塞插头也有一定的电阻,一般为几千欧。

(6)曲轴位置传感器。曲轴位置传感器的作用是采集曲轴转动角度信号、曲轴位置信号和发动机转速信号,并将这些信号输入 ECU,ECU 用此信号控制燃油喷射量、喷油正时、点火时刻(点火提前角)、点火线圈通电时间、怠速转速及电动汽油泵的运行等。曲轴位置传感器常采用磁感应式传感器,如图 5-14 所示。

图5-13　高压线

图5-14　磁感应式曲轴位置传感器

曲轴位置传感器产生发动机转速信号,用来决定基本喷油量和基本点火提前角;曲轴位置传感器产生曲轴基准位置信号,用以计算曲轴转角,判定曲轴(或活塞)位置。

(7)凸轮轴位置传感器。凸轮轴位置传感器的作用是采集凸轮轴位置信号,并将信号输入ECU。采集到的信号作为发动机ECU的判断信号,用来确定哪个汽缸处于压缩状态。凸轮轴位置传感器与曲轴位置传感器配合工作,使发动机ECU能准确判定活塞上止点位置,从而精确地进行喷油控制、点火正时控制及配气正时控制等。凸轮轴位置传感器常采用霍尔式传感器,如图 5-15 所示。

图 5-15　霍尔式凸轮轴位置传感器

📖 拓展学习——霍尔效应

　　霍尔效应的原理如图 5-16 所示。当电流 I 通过放在磁场中的半导体基片(即霍尔元件)且电流方向和磁场方向垂直时,在垂直于电流和磁场的半导体基片的横向侧面上会产生一个电压,这个电压称为霍尔电压 U_H,这种现象就称为霍尔效应。

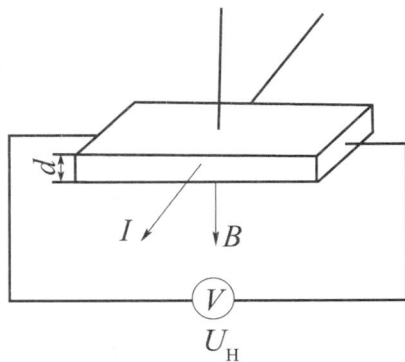

图 5-16　霍尔效应原理

霍尔电压的高低与通过的电流和磁感应强度成正比,可用下式表示:

$$U_{\mathrm{H}} = \frac{R_{\mathrm{H}}}{d}IB \tag{5-1}$$

式中:R_{H}——霍尔系数;

　　　d——半导体基片厚度,m;

　　　I——电流,A;

　　　B——磁感应强度,T。

由上式可知,当通过电流 I 为一定值时,霍尔电压 U_{H} 随磁感应强度 B 的大小而变化;同时也可看出,霍尔电压 U_{H} 的高低与磁通量的变化速率无关。

(8)爆震传感器。发动机的爆震是指发动机汽缸内的可燃混合气在火焰前锋尚未到达之前自行燃烧,导致压力急剧上升而引起缸体振动的现象。现普遍使用的非共振型压电式爆震传感器安装在发动机缸体上,用于检测发动机爆震。非共振型压电式爆震传感器由压电陶瓷、振动板、压板、基座、连接器等组成,如图5-17所示。

如图5-18所示,爆震传感器包含一个压电元件,在发动机缸体因爆震而振动时,就会产生电压,频率范围约为 $6 \sim 15\mathrm{kHz}$。在发动机工作的临界点或有轻微爆震时,发动机热效率最高,动力性和经济性最好,但剧烈的爆震会使发动机的动力性和经济性严重衰退。发动机爆震发生时,可以通过修正点火提前角、延迟点火时间加以抑止。

图 5-17　非共振型压电式
　　　　　爆震传感器

图 5-18　非共振型压电式爆震
　　　　　传感器工作原理

课 题 二　点火系主要部件的拆装

一、作业前的准备

1.工具、设备和材料的准备

(1)仪表板拆装工具、螺丝刀。

(2)磁力护裙、转向盘护套、变速器操纵杆手柄套、脚垫和座位套。

(3)卡罗拉轿车及其维修手册。

2.作业前场地和车辆的准备

(1)汽车进入工位前,将工位清理干净,准备好相关的器材。

(2)将汽车停驻在工位中央位置。

(3)拉紧驻车制动器操纵杆,并将变速器操纵杆置于空挡(N挡)或驻车挡(P挡)位置。

(4)套上转向盘护套、变速器操纵杆手柄套和座位套,铺设脚垫。

(5)在车内拉动发动机舱盖手柄,在车外打开并支撑发动机舱盖。

(6)粘贴翼子板和前脸磁力护裙。

二、点火系主要部件的拆装

以卡罗拉 1ZR—FE 轿车为例,其点火系主要部件在车上的安装位置如图 5-19 所示,其点火系电路图如图 5-20 所示。

图 5-19　点火系主要部件安装位置图

图 5-20 点火系电路图

1.点火线圈和火花塞的拆卸与安装

点火系相关部件分解图如图 5-21 所示。

(1)拆卸 2 号汽缸盖罩。

(2)拆卸点火线圈总成。如图 5-22 所示,断开 4 个点火线圈连接器,拆下 4 个螺栓和 4 个点火线圈。

图 5-21　点火系相关部件分解图
注:方框内数据为规定力矩,N·m。

图 5-22　点火线圈总成的拆卸

小提示:拆下点火线圈时,不要损坏发动机汽缸盖罩开口上的火花塞盖或火花塞套管顶部边缘。

(3)拆卸火花塞。如图 5-23 所示,用 14 mm 火花塞扳手和 100mm 加长杆拆下 4 个火花塞。

（4）安装火花塞。先用手拧紧 3 圈以上，再如图 5-23 所示用 14mm 火花塞扳手和 100mm 加长杆安装 4 个火花塞。力矩为 20N·m。

（5）安装点火线圈总成。如图 5-22 所示，用 4 个螺栓安装 4 个点火线圈。力矩为 10N·m。

图 5-23　火花塞的拆卸

小提示：安装点火线圈时，不要损坏发动机汽缸盖罩开口上的火花塞盖或火花塞套管顶部边缘。

（6）连接 4 个点火线圈连接器。

（7）安装 2 号汽缸盖罩。

2. 曲轴位置传感器的拆卸与安装

曲轴位置传感器相关部件分解图如图 5-24 所示。

图 5-24　曲轴位置传感器相关部件分解图
注：方框内数据为规定力矩，N·m。

图 5-25　曲轴位置传感器的拆卸

（1）拆卸发动机右底罩。

（2）拆卸曲轴位置传感器。断开曲轴位置传感器连接器，拆下螺栓和曲轴位置传感器，如图 5-25 所示。

（3）安装曲轴位置传感器。用螺栓安装曲轴位置传感器。力矩为 10 N·m。

小提示:安装时,在传感器 O 形圈上涂抹一薄层发动机机油,确保 O 形圈没有破裂或卡住。

(4)连接曲轴位置传感器连接器。

(5)安装发动机右底罩。

3.凸轮轴轴位置传感器的拆卸与安装

凸轮轴轴位置传感器相关部件分解图如图 5-26 所示。

图 5-26　凸轮轴轴位置传感器相关部件分解图

注:方框内数据为规定力矩,N·m。

(1)拆卸 2 号汽缸盖罩。

(2)拆卸 1 号凸轮轴轴位置传感器。如图 5-27 所示,分别断开进气侧排气侧 1 号凸轮轴轴位置传感器连接器,并拆下 2 个螺栓和进排气侧 1 号凸轮轴轴位置传感器。

a)进气侧　　b)排气侧

图 5-27　凸轮轴轴位置传感器的拆卸

(3)安装凸轮轴轴位置传感器。用螺栓安装 1 号凸轮轴轴位置传感器。力矩为 10 N·m。

小提示:安装时,在传感器 O 形圈上涂抹一薄层发动机机油,确保 O 形圈没有破裂或卡住。

（4）连接 2 个凸轮轴轴位置传感器连接器。

（5）安装 2 号汽缸盖罩。

三、评价与反馈

（1）对学习任务进行评价,学习任务评分表见表 5-2。

学习任务评分表　　　　　　表 5-2

考 核 项 目	评 分 标 准	分数	学生自评	小组互评	教师评价	小计
团队合作	是否和谐	5				
活动参与	是否积极主动	5				
安全生产	有无安全隐患	10				
现场 5S	是否做到	10				
任务方案	是否正确、合理	15				
操作过程	点火系电路各部件的查找与连接;拆卸曲轴位置传感器、凸轮轴位置传感器;安装曲轴位置传感器、凸轮轴位置传感器;火花塞和点火线圈的更换	30				
任务完成情况	是否圆满完成	5				
工具和设备使用	是否规范、标准	10				
劳动纪律	是否能严格遵守	5				
工单填写	是否完整、规范	5				
总分		100				
教师签写:			年　月　日		得分	

（2）请向顾客介绍各种火花塞的特点和建议火花塞更换周期。

项目六 车身与驾驶室电器的识别

学习目标

完成本项目的学习后,你应能:

1. 叙述驾驶室电器的组成及作用;
2. 知道驾驶室电器的操控方法;
3. 叙述车身电器的组成及作用;
4. 知道车身电器的操控方法。

建议课时

10 课时。

课题一 驾驶室电器的识别

汽车驾驶室、发动机舱内、车身各部位布置有各种各样的电器,下面以卡罗拉 1.6L 车型为主,介绍正确识别驾驶室电器的方法。

一、钥匙

不带智能进入和起动系统的车辆和带智能进入和起动系统的车辆,钥匙配置有所不同。图 6-1 所示为不带智能进入和起动系统的车辆钥匙,分别由主钥匙 1、副钥匙 2 和钥匙号码牌 3 组成。主钥匙能开启车上所有的锁,副钥匙能开启除行李舱和杂物箱以外的所有锁,钥匙标志牌上标有主、副钥匙的相关信息,可凭此牌配钥匙。

图 6-2 所示为不带智能进入和起动系统的车辆钥匙,分别由电子钥匙 1、机

械钥匙 2 和钥匙号码牌 3 组成。只要随身携带电子钥匙(如放在衣袋内),即可锁止和解锁车门、解锁行李舱和起动发动机。只要电子钥匙处于有效作用范围内,任何人皆可锁止或解锁车门。如果电子钥匙电池电量耗尽或进入功能不能正常工作,则需使用机械钥匙。使用机械钥匙后,将其存放于电子钥匙内,将机械钥匙和电子钥匙一起携带。

图 6-1　不带智能进入和起动　　图 6-2　不带智能进入和起动
系统的车辆钥匙　　　　　　　　系统的车辆钥匙

小提示:如果车辆解锁后约 30s 内未打开车门,则安全功能会再次自动锁止车辆。

二、仪表板及方向柱上电器识别

转向盘及方向柱离驾驶人较近,为了便于驾驶人操纵,汽车往往把点火开关等许多开关装在此处。为了节省空间,便于操纵,同时对各种开关进行组合设计,通常用一个手柄的上下、前后移动或旋转来完成对电器的操纵,形成组合开关,如多将转向开关、小灯与前照灯开关、变光开关、刮水器开关、洗涤器开关等组装在一起。不同汽车转向盘及方向柱上电器开关的布置有所不同。

为使驾驶人能够及时获取汽车各系统工作状态的相关信息或对某些电器进行操纵,在驾驶室转向盘的前方仪表板上都装有仪表、报警灯及电子显示装置、空调开关等,而且不同车型汽车仪表板的形状及布置也有所不同。卡罗拉轿车仪表板上电器零件布置如图 6-3 所示。

1.发动机点火开关

发动机点火开关可控制发动机的点火系、收放机、起动机等。卡罗拉轿车点火开关图如图 6-4 所示。

图 6-3　卡罗拉轿车仪表板电器零件位置

（1）"LOCK"挡。转向盘锁定并拔出钥匙。带自动变速器或无级变速器的车辆,只有变速器操纵杆置于 P 挡时才可以拔出钥匙。

（2）"ACC"挡。可以使用部分电气部件,如音响系统等。

（3）"ON"挡。可以使用点火系、灯光等绝大部分电气部件。

（4）"START"挡。起动发动机。

起动发动机时,发动机点火开关可能会卡在"LOCK"位置。沿任一方向轻轻转动转向盘时转动钥匙即可解除转向器锁。

发动机点火开关处于"LOCK"或"ACC"位置时,如果打开驾驶人车门,则蜂鸣器鸣响以提示驾驶人拔出钥匙。

小提示:起动发动机时,在任何情况下均不得踩下加速踏板。

图 6-4　发动机点火开关

（5）"ENGINE START STOP"开关。带智能进入和起动系统的车辆,具有一键起动功能。一键起动时,应检查并确认已设定驻车制动,自动变速器操纵杆置于 P 挡、手动变速器操纵杆置于 N 挡,就座于驾驶人座椅上并牢固踩下制动踏板（如果是手动变速器操纵杆置于 N 挡,牢固踩下离合器踏板）。"ENGINE START STOP"开关指示灯变为绿色后,按下"ENGINE START STOP"开关,发动机将运转直至起动或最多运转 25s（以时间短者为准）。如果按住"ENGINE START STOP"开关,则发动机将最多运转约 30s。

小提示:如果"ENGINE START STOP"开关指示灯未变绿色,则发动机不能起动。

松开制动踏板（带自动变速器的车辆）或离合器踏板（带手动变速器的车辆）时,按下"ENGINE START STOP"开关可以在三种模式间切换,每按一下开关,模式切换一次。如图 6-5 所示,处于 1 "关闭"模式时可以使用危险报警闪光灯;处于 2"ACCESSORY"模式时,"ENGINE START STOP"开关指示灯变为琥珀色,可以使用部分电气部件,如音响系统等;处于 3"IGNITION ON"模式时,"ENGINE START STOP"开关指示灯变为琥珀色,可以使用所有电气部件。

要解除转向盘锁,可在按下"ENGINE START STOP"开关的同时轻轻向左或向右转动转向盘。未解除转向盘锁时,"ENGINE START STOP"开关指示灯将呈绿色闪烁。

"ENGINE START STOP"开关指示灯呈琥珀色闪烁时,系统可能出现故障。

变速器操纵杆置于 P 挡时,如果车辆处于"ACCESSORY"模式 1h 以上,则

"ENGINE START STOP"开关将自动关闭。

图6-5 "ENGINE START STOP"开关模式

2.灯光控制开关

(1)车灯开关。详见项目八中的相关介绍。

(2)转向信号灯开关。如图6-6所示,点火开关打开状态下,将转向信号灯开关向1方向移动,发出右转向信号;向3方向移动控制杆并保持在中途位置,发出变道信号,此时右侧转向信号灯将闪烁直到松开控制杆为止。往2方向移动控制杆,发出左转向信号;往4方向移动控制杆并保持在中途位置,发出变道信号,此时左侧转向信号灯将闪烁直到松开控制杆为止。

(3)雾灯开关。卡罗拉轿车在前照灯或前示廓灯打开时可使用雾灯,前雾灯打开时才可使用后雾灯。如图6-7所示,图中1位置是关闭位置,2位置 ⼄ 表示打开前雾灯,3位置 ⼄ 表示打开前雾灯和后雾灯。松开开关后调节环将返回到 ⼄ 位置。再次旋转开关调节环仅能关闭后雾灯,如要关闭前雾灯,需将雾灯开关转回到关闭位置。

3.巡航控制开关

使用巡航控制系统后,驾驶人无须使用加速踏板即可使车辆维持设定车速。如图6-8所示,按下"ON-OFF"按钮即可打开巡航控制,再次按下该按钮可解除巡航控制。

如图 6-9 所示,加速或减速至所需车速,然后下压控制杆即可设定巡航控制速度。

图 6-6 转向信号灯开关

图 6-7 雾灯开关

图 6-8 打开巡航控制开关

图 6-9 设定巡航控制速度

如图 6-10 所示,向 1 方向移动控制杆可提高速度,向 2 方向移动控制杆可降低速度。按住控制杆,直到达到所需的速度设定,轻轻向上或向下推控制杆然后松开即可微调设定速度。

图 6-10 调节设定车速

如图 6-11 所示,向 1 方向压控制杆可取消巡航控制。踩下制动踏板或离合器踏板(手动变速器)时,也可取消速度设定。向 2 方向推控制杆可恢复巡航控制并恢复设定速度。

图 6-11　取消和恢复巡航控制

小提示:只有在变速器操纵杆置于 D 挡或 S 挡(带无级变速器的车辆)、车速大约在 40km/h 以上时,才能设定巡航控制。

4. 危险报警闪光灯开关

如果车辆出现故障或遭遇交通事故,可使用危险报警闪光灯。按下如图 6-12 所示的危险报警闪光灯开关,所有转向信号灯闪烁。再次按下该开关,则关闭所有转向信号灯。

图 6-12　危险报警闪光灯开关

小提示:发动机不运转时,若无必要,应关闭危险报警闪光灯,防止蓄电池电量耗尽。

5. 带换碟机和 AM/FM 收音机的光盘播放机

汽车仪表板上往往会装有音响系统控制面板。如图 6-13 所示为卡罗拉轿车带换碟机和 AM/FM(调幅/调频)收音机的光盘播放机面板结构图。

图 6-13　带换碟机和 AM/FM 收音机的光盘播放机结构图

(1)收音机。收音机控制面板上各部分功能如图 6-14 所示。

图 6-14　收音机使用按钮说明

(2)光盘播放机。光盘播放机各部分功能如图 6-15 所示。

(3)转向盘上的音响开关。部分车在转向盘上设置了音响开关,可通过转向盘上的音响开关控制某些音响功能。如图 6-16 所示。按图示 1 的" + "" - "键可控制扬声器音量,按图示 2 的"上""下"键可选择收音机模式,按"MODE"键可接通电源、选择音源,按住"MODE"键直至听到"嘟"的一声可关闭音响系统。

图 6-15　光盘播放机使用按钮说明

图 6-16　转向盘上的音响开关

图 6-17　点烟器

6.点烟器

一般汽车上都配置有点烟器。当发动机开关处于"ACC"位置或"ON"位置时,按图 6-17 所示方向拉起盖将其打开,然后按下点烟器,等加热后点烟器会自动弹出。

小提示:使用时,不要一直按住点烟器,否则可能会使点烟器过热而导致起火。

7.喇叭开关

现代轿车一般在转向盘上设置 1～2 个喇叭开关。如图 6-18 所示,按下喇叭开关 ,喇叭发出声响。

图 6-18　喇叭开关

三、汽车驾驶室其他电器

汽车驾驶室除装有各种开关外,还安装有各种各样的传感器、连接器、接线盒、ECU 总成、执行器总成等。如图 6-19 所示为卡罗拉轿车 ECU、接线盒等布置图。

图 6-19　卡罗拉汽车驾驶室 ECU、接线盒等布置图

四、评价与反馈

(1)对学习任务进行评价,学习任务评分表见表6-1。

学习任务评分表　　　　　　　　　　　表6-1

考 核 项 目	评 分 标 准	分数	学生自评	小组互评	教师评价	小计
团队合作	是否和谐	5				
活动参与	是否积极主动	5				
安全生产	有无安全隐患	10				
现场5S	是否做到	10				
任务方案	是否正确、合理	15				
操作过程	汽车钥匙的功能介绍;发动机点火开关正确操作;灯光开关正确操作;刮水器及洗涤器组合开关正确操作;巡航控制开关正确操作;危险报警闪光灯开关正确操作;光盘播放机和收音机正确操作;仪表板上各指示灯及警告灯的识别	30				
任务完成情况	是否圆满完成	5				

续上表

考 核 项 目	评 分 标 准	分数	学生自评	小组互评	教师评价	小计
工具和设备使用	是否规范、标准	10				
劳动纪律	是否能严格遵守	5				
工单填写	是否完整、规范	5				
总分		100				
教师签写：			年　月　日		得分	

（2）能否向顾客介绍各种开关的用法？

课 题 二　车身电器的识别

车身电器种类繁多、结构复杂,其中属于车身电器设备的主要有以下系统。

1. 照明系统

照明系统包括车外和车内的照明灯具,为车辆提供夜间安全行驶必要的照明。

2. 信号系统

信号系统包括音响信号和灯光信号,为车辆安全行驶提供必需的信号。

3. 组合仪表系统

组合仪表系统用来监测发动机和汽车的工作情况,使驾驶人能够及时了解发动机及汽车运行的各种参数并发现异常情况,确保汽车正常运行。

4. 辅助电气系统

辅助电气系统包括风窗玻璃刮水器和洗涤器、电动车窗、电动后视镜、中央门锁、防盗装置等。辅助电气设备主要是增加操作的舒适性和安全性,车辆的豪华程度越高,辅助电气设备也越多。

汽车发动机舱内有大量电器,如发动机、发电机、起动机、喷油器、传感器、点火线圈等。图6-20和图6-21所示分别为卡罗拉轿车1.6L发动机舱内电器部件的位置。

图 6-20　发动机舱内电器部件位置图 1

A6-左侧转向信号灯总成；A7-左前转向信号灯（左侧前照灯总成）；A8-左前示廓灯（左侧前照灯总成）；A9-左侧前照灯光束高度调整电动机（左侧前照灯总成）；A10-左前气囊传感器；A11-风窗玻璃刮水器电动机总成；A12-制动液液位警告开关（制动主缸储液罐分总成）；A16-空调压力传感器；A17-风窗玻璃清洗器电动机和泵总成；A18-右前转向信号灯（右侧前照灯总成）；A19-右前示廓灯（右侧前照灯总成）；A20-右侧前照灯光束高度调整电动机（右侧前照灯总成）；A21-右前气囊传感器；A22-右侧雾灯总成；A23-环境温度传感器；A25-左侧雾灯总成；A26-右侧转向信号灯总成；A27-右前转速传感器；A28-左前转速传感器；A37-右侧前照灯总成（远光）；A38-左侧前照灯总成（远光）；A39-右侧前照灯总成（近光）；A40-左侧前照灯总成（近光）；A41-2 号冷却风扇 ECU；A42-遥控门锁蜂鸣器；A43-前照灯清洗器控制继电器；A44-前照灯清洗器喷嘴电动机和泵总成；A50-ECM（电子控制模块）A51-制动器执行器总成；A60-发动机罩锁总成；A64-右侧前照灯总成（近光）；A65-左侧前照灯总成（近光）；A66-制动器执行器总成；A81-风窗玻璃清洗器电动机和泵总成；A82-低音喇叭总成；A83-高音喇叭总成；A84-警报喇叭总成；A85-1 号右前超声波传感器；A86-1 号左前超声波传感器

图 6-21　发动机舱内电器部件位置图 2

B1-发电机总成；B2-质量空气流量计；B3-E.F.I.发动机冷却液温度传感器；B4-起动机总成；B6-发动机机油压力开关总成；B7-带皮带轮压缩机总成；B8-起动机总成；B9-1 号喷油器总成；B10-2 号喷油器总成；B11-3 号喷油器总成；B12-4 号喷油器总成；B13-1 号曲轴位置传感器；B14-发电机总成；B15-氧传感器（B1 S1）；B19-清污 VSV；B20-VVT 传感器（排气侧）；B21-VVT 传感器（进气侧）；B22-凸轮轴正时机油控制阀总成（排气侧）；B23-凸轮轴正时机油控制阀总成（进气侧）；B24-氧传感器（B1 S2）；B25-带电动机的节气门体总成；B26-1 号点火线圈总成；B27-2 号点火线圈总成；B28-3 号点火线圈总成；B29-4 号点火线圈总成；B30-静噪滤波器（点火）；B31-ECM；B60-倒车灯开关总成；B88-驻车挡/空挡位置开关总成；B89-空燃比传感器（B1 S1）；B90-电子控制变速器电磁阀；B91-变速器转速传感器；D1-爆震控制传感器（B1）

　　为满足汽车安全性、舒适性等要求，汽车车身内也布置有各种电器。如燃油泵、扬声器、安全带、车灯、电动车窗升降器、车门门锁、传感器、除雾器等。图 6-22 所示为卡罗拉轿车 1.6L 轿车车身内部分零件的位置。

图 6-22　车身内零件位置

L1-右后扬声器总成；L2-左后扬声器总成；L3-左前车门门控灯开关总成；L4-左前座椅外安全带总成；L5-左后车门门控灯开关总成；L7-左后组合灯总成；L8-中央制动灯总成；L9-右侧牌照灯总成；L10-左侧牌照灯总成；L11-左后灯总成；L12-左前侧气囊传感器总成；L13-左后侧气囊传感器总成；L14-左侧窗帘式安全气囊总成；L17-燃油泵、燃油表传感器总成；L18-行李舱门锁总成；L19-1号行李舱灯总成；L20-静噪滤波器（制动灯）；L21-后窗除雾器（背窗玻璃）；L24-二极管（1号行李舱灯总成）；L25-后电子钥匙振荡器；L26-行李舱门开启器开关总成；L27-行李舱门锁锁芯总成；L28-右后灯总成；L29-右后组合灯总成；L30-接线连接器；L31-接线连接器；L34-接线连接器；L44-中央制动灯总成；L45-电视摄像机总成

一、汽车灯具的识别

汽车灯具按功能不同可分为照明灯和信号灯两大类;按安装位置不同可分为外部灯具和内部灯具。外部灯具包括用于车外照明和信号用的前照灯、雾灯、转向信号灯、驻车灯、牌照灯、后位灯、制动灯、倒车灯等,内部灯具包括顶灯、阅读灯、车门门控灯、仪表及开关照明灯、行李舱灯和工作灯等。卡罗拉 ZRE151、152 系列汽车前部灯具如图 6-23 所示,后部灯具如图 6-24 所示。汽车各灯具的作用见表 6-2。

右梳妆灯
个人用灯总成
-前个人用灯
左梳妆灯
车厢照明灯总成
-车内照明灯
高度控制传感器

右侧雾灯总成
右侧前照灯总成
-前照灯光束高度
调整电动机
-灯控ECU(HID前照灯)
-近光前照灯
-远光前照灯
-前转向信号灯
-驻车灯

左侧转向信号灯总成
右侧转向信号灯总成

左侧雾灯总成
发动机室继电器盒和接线盒

左侧前照灯总成
-前照灯光束高度
调整电动机
-灯控ECU(HID前照灯)
-近光前照灯
-远光前照灯
-前转向信号灯

-驻车灯

–H–LP MAIN熔断丝   –ECU–B熔断丝
–TURN–HAZ熔断丝   –DOME熔断丝
–H–LP LH LO熔断丝   –H–LP RH LO熔断丝
–H–LP LH HI熔断丝   –H–LP RH HI熔断丝
–前照灯变光继电器（DIMMER）
–前照灯继电器（HEAD）

图 6-23　卡罗拉 ZRE151、152 系列汽车前部灯具

高位制动灯总成（*1）
右后车门门控灯开关
高位制动灯总成（*2）
右前车门门控灯开关
右车门门控灯
左前车门门控灯开关

左后组合灯总成
　-后位灯
　-制动灯
　-后转向信号灯
　-倒车灯

*1:带后扰流器
*2:不带后扰流器

左车门门控灯
左后车门门控灯开关
左后组合灯总成
　-后位灯
　-制动灯
　-后转向信号灯
　后雾灯

行李舱灯　　　牌照灯　　　行李舱门锁总成
　　　　　　　　　　　　　—背门门控灯开关

图 6-24　卡罗拉 ZRE151、152 系列汽车后部灯具

汽车灯具的名称及作用　　　　　　　　　表 6-2

灯具名称	灯具作用及特征
前照灯	安装在汽车头部两侧,用来照亮车前道路。有远、近光之分
雾灯	安装在汽车的头和尾部。前雾灯光色为橙黄色、在雾天、下雪、暴雨或尘埃弥漫等情况下用来改善车前道路照明情况。后雾灯光色为红色,用来提醒尾随车辆保持安全间距
转向信号灯	安装在汽车的前后左右和两侧,光色为琥珀色,转向时灯光闪烁,用来指示车辆行驶趋向

灯 具 名 称	灯具作用及特征
驻车灯	安装在车头和车尾两侧,光色车前为白色,车尾为红色,夜间驻车时,接通驻车灯开关可标志车辆形位。此时仪表照明灯和牌照灯均不亮
牌照灯	装于汽车尾牌照上方或左右两侧,用来照明后牌照
后位灯	安装在汽车尾部,光色为红色。夜间行驶接通前照灯时,后位灯与仪表照明灯、牌照灯同时发亮,以标志车辆形位
制动灯	安装在汽车尾部,在踩下制动踏板时,发出强红光。为避免尾随大型车辆碰撞轿车的危险,轿车后窗内可加装高位制动灯
倒车灯	安装在汽车尾部,光色为白色,当变速器操纵杆置于倒挡位置时,自动发亮,照明车后侧,同时提醒后方车辆、行人注意安全
顶灯	为汽车车内提供照明。顶灯开关如图 6-25 所示,顶灯开关置于"ON"位置时,保持灯在发亮的状态;置于"OFF"位置时,灯熄灭;置于"DOOR"位置时,打开任何一扇车门,灯亮,当所有车门都关闭之后,灯熄灭
阅读灯	装于乘员席前部或顶部,聚光时乘员看书不会使驾驶人炫目

续上表

灯具名称	灯具作用及特征
车门门控灯	装于轿车外张式车门内侧底部,光色为红色。夜间开启车门时发亮,以告示车辆、后来行人注意避让
仪表及开关照明灯	装于仪表板上,用来照明仪表指针及刻度板、开关等
行李舱灯	装于轿车或客车行李舱内,当开启行李舱盖时,灯自动发亮,照亮行李舱

小提示:车型不同,灯具的名称和种类也有所不同。

图6-25　顶灯开关示意图

小提示:以卡罗拉1.6L轿车为例,如果顶灯开关置于"DOOR"位置时,车内灯和发动机开关灯根据发动机开关位置、车门锁止/解锁情况和车门打开/关闭自动点亮/熄灭。为防止蓄电池电量耗尽,在车门未完全关闭且车内灯开关置于"DOOR"位置时,如果车内灯和发动机开关灯持续点亮,则20min后这些灯自动熄灭。

二、车门上电器的识别

1.电动后视镜

发动机开关处于"ACC"或"ON"位置时(带智能进入和起动系统的车辆,"ENGINE START STOP"开关处于"ACCESSORY"或"IGNITION ON"模式),可使用装于左侧车门上的电动后视镜调整开关调节后视镜角度。调节时,先按图6-26所示的"L"或"R"选择调整哪一侧后视镜角度(L表示左侧、R表示右侧),然后按上、下、左、右键可调节后视镜角度。

2.电动车窗升降开关

电动车窗升降控制系统零件在实车上的位置如图6-27所示。电动车窗升降开关包括电动车窗主开关(安装在驾驶人侧车门上)和电动车窗开关(安装在乘客侧车门和后车门上)。操作电动车窗开关后,相应的电动车窗升降器电动机随即通电。

发动机停机系统/警报
系统指示灯

前照灯光束高度
调节旋钮

外后视镜开关

图 6-26　电动后视镜开关

电动车窗升降器电动机
–电动车窗ECU

电动车窗主开关

前门门控灯开关

电动车窗升降器电动机

后电动车窗开关

后电动车窗开关

主车身ECU
(仪表板接线盒)
　–PWR继电器
　–FR DOOR 熔断丝
　–POWER 熔断丝
　–RL DOOR 熔断丝
　–RR DOOR 熔断丝

电动车窗升降器电动机
前排乘客侧电动
车窗开关

电动车窗升降器
电动机

图 6-27　卡罗拉轿车电动车窗控制系统在实车上的位置

以卡罗拉轿车为例,其电动车窗控制系统的功能见表6-3。

电动车窗控制系统功能　　　　　　　　表6-3

项　　目	内　　容
手动上升和下降功能	将电动车窗开关向上拉到中途时,车窗上升;将开关向下推到中途时,车窗下降;开关一松开,车窗就会停止
驾驶人侧门窗自动上升和下降功能	通过按下一次电动车窗开关,使驾驶人侧门窗完全打开或关闭
防夹功能	自动上升操作(驾驶人车门)期间,如果有异物卡滞在门窗内,使电动车窗自动停止并向下移动
遥控功能	该功能可让电动车窗主开关控制前排乘客侧门窗和后门窗的手动上升和下降操作
Key-Off 操作功能	在将点火开关置于"ON"("IG")或"OFF"位置后大约45s内,如果任一前门未打开,则该功能使得电动车窗仍可以工作
诊断	该功能在电动车窗开关检测到电动车窗系统故障时,可让电动车窗开关进行故障部位的诊断。电动车窗开关灯亮起或闪烁,以通知驾驶人
失效保护	如果电动车窗电动机内的脉冲传感器出现故障,失效保护功能能够禁用部分电动车窗功能。驾驶人车门的自动上升和下降功能以及遥控功能被禁用

如图6-28所示,往图中1、2、3、4方向操作"AUTO"键,可实现车窗玻璃的上升或下降。反向按压可使车窗停在中间位置。按下如图6-29所示的锁止开关,

可锁止乘员车窗开关,同时可防止儿童意外打开或关闭乘员车窗。

图 6-28　电动车窗升降开关　　　图 6-29　车窗锁止开关

3.车门锁开关

汽车车门可用钥匙锁止和解锁,如图 6-30 所示。

车门内锁按钮也可锁止和解锁车门。如图 6-31 所示,将车内门锁按钮按至锁止位置,拉动车门把手的同时关闭车门,可以实现不用钥匙从车外锁止前门。即使门锁按钮处于锁止位置,仍可通过拉动车门把手打开驾驶人侧车门。

图 6-30　钥匙锁止和解锁车门　　　图 6-31　车内门锁按钮

小提示:对于不带智能进入和起动系统的车辆,如果钥匙在发动机开关内,则无法锁止车门。带智能进入和起动系统的车辆如果"ENGINE START STOP"开关处于"ACCESSORY IGNITION"模式或电子钥匙留在车内,则无法锁止车门。

4.电动天窗控制开关

电动天窗的动作由天窗控制开关控制,卡罗拉轿车天窗控制开关如图 6-32所示。电动天窗系统具备以下功能:手动滑动打开和关闭、自动滑动打开和关闭、手动上倾和下倾、防夹以及钥匙关闭操作,见表 6-4。

图 6-32 电动天窗开关

电动天窗功能   表 6-4

项　　目	内　　容
手动滑动打开和关闭	当按下"SLIDE OPEN"开关(或"TILT UP"开关)0.3s 内,该功能使滑动天窗打开(或关闭)。松开开关后,滑动天窗立刻停止滑动
自动滑动打开和关闭	当按下"SLIDE OPEN"开关(或"TILT UP"开关)0.3s 内,该功能使滑动天窗完全打开(或关闭)
手动上倾和下倾	当按下"TILT UP"开关(或"SLIDE OPEN"开关)0.3s 内,该功能使滑动天窗上倾(或下倾)
自动上倾和下倾	当按下"TILT UP"开关(或"SLIDE OPEN"开关)0.3s 以上,该功能能使滑动天窗上倾(或下倾)
防夹功能	如果在自动关闭操作(或自动下倾操作)过程中有异物卡在滑动天窗中,防夹功能会自动停止滑动天窗,或停止滑动天窗并使它部分地打开(或使它完全上倾)

续上表

项　目	内　容
钥匙关闭操作	如果前门没有打开,钥匙关闭操作功能可以在点火开关置于"OFF"位置后操作滑动天窗约43s
滑动天窗开启警告	如果在滑动天窗打开时将点火开关从"ON"("IG")转至"OFF"位置且驾驶人侧车门打开,则组合仪表中的多功能蜂鸣器会鸣响一次

5. 电动座椅调整开关

电动座椅调整开关如图 6-33 所示。按图示操作可把驾驶人座椅调至合适位置。

三、超声波测距倒车报警装置 (倒车雷达)

超声波测距倒车报警装置俗称倒车雷达。该装置的作用是:能自动测出驾驶人倒车时车尾与最近障碍物间的距离,并在驾驶室用数字进行显示,倒车至极限安全距离时,能发出急促的警告声。此外,驾驶人倒车时能重复发出"倒车,请注意!"等语言警告声或蜂鸣声提醒行人注意。

图 6-33　电动座椅调整开关
1-座椅位置调节开关;2-座椅靠背角度调节开关;3-垂直高度调节开关;4-腰部支撑调节开关

倒车雷达主要由发射、接收、数字显示和报警四大部分组成。超声波测距装置在实车上的安装位置如图 6-34 所示。

倒车雷达采用超声波测距原理,在主机的控制下,由感应器发射超声波信号,当遇到障碍物时,产生回波信号,感应器接收到回波信号后经主机进行数据处理,判断出障碍物的位置,由显示器显示距离并发出其他警示信号,得到及时警示,从而使驾驶人倒车时做到心中有数,使倒车变得更轻松。

图 6-34 超声波测距装置安装位置示意图

1-感应器(A、B、C、D、E、F、G、H);2-主机;3-蜂鸣器;4-显示器

四、汽车空调系统的识别

1.汽车空调系统的功能

汽车空调是用来改善汽车舒适性的设备,可以对车内空气的温度、湿度进行调节,并保持车内的空气清洁。汽车空调通常都具备以下功能。

(1)温度调节:将车内的温度调节到人体感觉适宜的温度。

(2)湿度调节:将车内的湿度调节到人体感觉适宜的湿度。

(3)气流调节:调节车内出风口的位置、出风的方向及风量的大小。

(4)空气净化:滤去空气中的尘土和杂质,或对空气进行杀菌消毒。

2.汽车空调系统的组成

为完成空调的上述功能,汽车空调系统通常应包括以下四大装置。

(1)暖风装置:用以提高车内的温度。

(2)制冷装置:用以降低车内的温度及湿度。

(3)通风装置:用以调节车内的气流和换气。

(4)空气净化装置:用以过滤空气及对空气进行消毒处理。

目前汽车的空调系统根据车辆的配置不同,所具备的装置也有所不同。一般低档汽车只有暖风和通风装置,中高档汽车都具备制冷和空气净化装置。空

调系统结构复杂,其大部分部件分布于发动机舱和驾驶室及车厢内。空调压缩机由发动机驱动,发动机舱内布置有一部分空调零件。卡罗拉轿车位于发动机舱内的空调零件在实车上的位置如图 6-35 所示。

图 6-35　卡罗拉轿车位于发动机舱内的空调零件位置图

　　驾驶室内布置有空调控制面板。如图 6-36 所示为卡罗拉轿车位于驾驶室内的空调零件位置。

　　鼓风机等空调零件装于仪表板内。如图 6-37 所示为卡罗拉轿车位于仪表板内的空调零件位置图。

　　汽车空调有复杂的通风装置,驾驶室内有多个空调出风口,以便把温度适宜的风吹到驾驶人或乘客的各个部位。如图 6-38 所示为卡罗拉轿车驾驶室内出风口位置。

图 6-36　卡罗拉轿车位于驾驶室内的空调零件位置图

图 6-37　卡罗拉轿车位于仪表板内的空调零件位置图

图 6-38 卡罗拉轿车出风口位置图

3. 空调的调节系统

空调系统控制有手动控制和自动控制之分,手动空调需要驾驶人通过旋钮或拨杆对控制对象进行调节,如改变温度等。自动空调只需驾驶人输入目标温度,空调系统便可按照驾驶人的设定自动进行调节。空调控制面板上有温度调节、气流选择、鼓风机速度、空气进气选择(内外循环选择)、空调开关(A/C)和运行模式选择开关。其中,温度调节、气流选择、空气进气选择是通过气道中的调节风门实现的,空调开关和运行模式选择开关、鼓风机速度选择通过电路控制来实现。调节是通过空调控制面板上的拨杆、旋钮或按钮进行的。卡罗拉轿车自动空调的控制面板如图 6-39 所示。

图 6-39 卡罗拉轿车自动空调控制面板图

按下"AUTO"键,空调系统将开始工作。按下"TEMP"键上的"∧"可升高温度,按下"∨"可降低温度。按下风扇转速控制键上的"∧"可升高风扇转速,按下"∨"可降低风扇转速。同时,风扇转速会显示在显示屏上。

每按下一次"MODE"键,即可切换出风口。可控制气流吹向上身、上身和脚部、脚部、脚部及设置风窗玻璃除雾等模式。

每按下一次"再循环空气模式"开关,即在车外空气模式(指示灯熄灭)和再循环空气模式(指示灯点亮)之间切换。

按下"风窗玻璃除雾器"开关,再循环空气模式将自动切换至车外空气模式。

手动空调的控制面板如图6-40所示。顺时针(暖气)或逆时针(冷气)转动温度控制旋钮,可对温度进行调节设定。如果未按下"A/C"键,则系统将吹出环境温度气流或热气流。

图6-40 卡罗拉轿车手动空调控制面板图

顺时针(提高)或逆时针(降低)转动风扇转速控制按钮,可调节风扇转速。

将出风口选择旋钮设定在适当位置,可使气流吹向上身、上身和脚部、脚部、脚部、风窗玻璃(包括风窗玻璃除雾功能)和侧窗。当旋钮旋转至"脚部及风窗玻璃除雾"位置时,空调系统将自动运行,进气自动切换至车外空气模式。当旋钮旋转至"风窗玻璃和侧窗"位置时,进气自动切换至车外空气模式。

小提示:车外温度接近0℃时,即使按下"A/C"开关,空调系统也可能不运行。

按下除雾器开关▦,除雾器运行大约15min后会自动关闭。如果装备有外后视镜除雾器,则打开后车窗除雾器时,外后视镜除雾器也将打开。

小提示:当外后视镜的镜面变热时,请勿触摸,以免烫伤。

五、评价与反馈

(1)对学习任务进行评价,学习任务评分表见表6-5。

学习任务评分表　　　　　　　　　　表6-5

考核项目	评分标准	分数	学生自评	小组互评	教师评价	小计
团队合作	是否和谐	5				
活动参与	是否积极主动	5				
安全生产	有无安全隐患	10				
现场5S	是否做到	10				
任务方案	是否正确、合理	15				
操作过程	汽车灯具的识别;电动刮水器及清洗器的识别;电动后视镜调整;电动车窗开关操作;车门锁开关操作;电动天窗开关操作;倒车报警装置的识别;汽车空调控制面板的识别	30				
任务完成情况	是否圆满完成	5				
工具和设备使用	是否规范、标准	10				
劳动纪律	是否能严格遵守	5				
工单填写	是否完整、规范	5				
总分		100				
教师签写:			年　月　日		得分	

(2)能否向顾客介绍各种开关的控制方法?

项目七 前照灯电路的连接

📚 **学习目标**

完成本项目的学习后,你应能:

1. 叙述汽车照明灯具的组成及作用;
2. 知道前照灯的结构与电路工作原理;
3. 分析前照灯电路的工作原理;
4. 知道前照灯的种类;
5. 正确地连接前照灯电路;
6. 规范地完成前照灯灯泡的更换。

📖 **建议课时**

8 课时。

课 题 一   汽车前照灯的结构与控制电路

一、汽车照明灯具的组成和作用

汽车灯具按功能不同,可分为照明灯和信号灯两大类;按安装位置不同,可分为外部照明灯具和内部照明灯具。外部照明灯具包括用于车外照明的前照灯、雾灯、牌照灯等,内部照明灯具包括顶灯、仪表及开关照明灯、行李舱灯和工作灯等。

1. 外部照明灯具

机动车应按时参加安全检测和综合检测,确保外部照明灯具齐全有效。汽车外部照明灯具如图 7-1 所示。

a)带灯泡型前转向信号灯的车型

b)带LED型前转向信号灯的车型

图 7-1　汽车外部照明灯具

1-侧转向信号灯总成;2-前照灯总成;3-前雾灯;4-中央制动灯总成;5-后组合灯总成;6-后位灯总成;7-牌照灯总成

（1）前照灯。前照灯俗称"大灯",装在汽车头部两侧,提供远光或近光,用于照明车辆前方道路。前照灯有两灯制、四灯制之分。远光灯功率一般为 40 ~ 60W,近光灯功率一般为 35 ~ 55W。

小提示:四灯制前照灯并排安装时,装于外侧的一对应为近、远光双光束灯;装于内侧的一对应为远光单光束灯。

（2）雾灯。雾灯安装在汽车头部或尾部。在雾天、下雪、暴雨或尘埃弥漫等情况下,用来改善车前道路的照明情况。前雾灯功率一般为 45 ~ 55 W,光色为橙黄色。后雾灯功率一般为 21W 或 5W,光色为红色,以警示尾随车辆保持安全间距。

小提示:后雾灯的数量为1~2只,若为1只则装于汽车尾部左侧;若为2只则分装于汽车尾部左、右两侧。

(3)牌照灯。牌照灯装于汽车尾部牌照上方或左右两侧,用来照明后牌照,功率一般为5~10W,确保行人在车后20m处看清牌照上的文字及数字。

(4)倒车灯。倒车灯安装在汽车尾部,当变速器操纵杆置于倒挡位置时,倒车灯自动发亮,照明车后侧,同时警示后方车辆行人注意安全。倒车灯功率一般为20~25W,光色为白色。

(5)组合灯具。目前汽车照明系统大都采用组合灯具,即把前照灯、前转向信号灯、前示廓灯(小灯)等组合在一起,构成前组合灯(图7-2),把倒车灯、制动灯、后转向信号灯、后示廓灯(小灯)、后雾灯等组合在一起,构成后组合灯(图7-3)。

a)带灯泡型前转向信号灯的车型　　b)带LED型前转向信号灯的车型

图7-2　前组合灯

1-前转向信号灯;2-近光灯/远光灯;3-示廓灯/日间行车灯

2.内部照明灯具

汽车内部照明灯具如图7-4所示。

(1)顶灯。轿车及载货汽车一般仅设一只顶灯,除用作车室内照明外,还可兼起监视车门是否可靠关闭的作用。在监视车门状态下,只要还有车门未可靠关紧,顶灯就发亮。顶灯功率一般为5~15W,公共汽车顶灯有向荧光灯发展的趋势。

(2)阅读灯。阅读灯装于乘员席前部或顶部,聚光时乘员看书不会使驾驶人炫目,照明范围较小,有的还有光轴方向调节机构。

(3)行李舱灯。行李舱灯装于轿车或客车行李舱内,当开启行李舱盖时,灯自动发亮,照亮行李舱内空间。行李舱灯功率一般为5W。

（4）踏步灯。踏步灯装在大、中型客车乘员门内的台阶上，主要用于夜间开启乘员门时照亮踏板。

（5）仪表照明灯。仪表照明灯装在仪表板反面，用于仪表指针及刻度板的照明，功率一般为2W。仪表照明灯一般与示位灯、牌照灯并联。有些汽车仪表照明灯发光强度可调节。

（6）工作灯。工作灯是车辆维修时可以移动使用的一种随车低压照明工具，电源来自汽车发电机或蓄电池。工作灯功率一般为21W，常带有挂钩或夹钳。

a)带灯泡型后转向信号灯的车型　　b)带LED型后转向信号灯的车型

图7-3　后组合灯

1-后位灯;2-后转向信号灯;3-制动灯;4-倒车灯;5-后雾灯;6-后位灯/制动灯

图7-4　汽车内部照明灯具

二、前照灯的技术要求

前照灯是汽车照明的三要灯具，其主要用途是照亮车辆前方的道路和物体，确保夜间行车安全。世界各国交通管理部门一般都以法律形式规定了汽车前照灯的技术要求,我国《机动车运行安全技术条件》(GB 7258—2017)中对前照灯的要求如下。

1. 基本要求

(1)汽车的前照灯应有远、近光变换功能;当远光变为近光时,所有远光应能同时熄灭。同一辆汽车上的前照灯不应左、右远、近光灯交叉开亮。

(2)所有前照灯的近光均不应炫目,汽车前照灯应分别符合《汽车用灯丝灯泡前照灯》(GB 4599—2007)、《汽车用气体放电光源前照灯》(GB 21259—2007)、《汽车用LED前照灯》(GB 25991—2010)及《发射对称近光和/或远光的机动车前照灯》(GB 19152—2016)的规定。安装有自适应前照明系统的,还应符合《汽车用自适应前照明系统》(GB/T 30036—2013)的规定。

(3)汽车前照灯光束照射位置在正常使用条件下应保持稳定。

(4)汽车[三轮汽车,以及设计和制造上能保证前照灯光束高度照射位置在规定的各种装载情况下均符合《汽车及挂车外部照明和光信号装置的安装规定》(GB 4785—2019)要求的汽车除外]应具有前照灯光束高度调整装置/功能,以方便地根据装载情况对光束照射位置进行调整;该调整装置如为手动的,应坐在驾驶座上就能被操作。

2. 远光光束发光强度要求

汽车每只前照灯的远光光束发光强度均应达到表7-1的要求,并且同时打开所有前照灯(远光)时,其总的远光光束发光强度应符合《汽车及挂车外部照明和光信号装置的安装规定》(GB 4785—2019)的规定。测试时,电源系统应处于充电状态。

汽车前照灯远光光束发光强度最小值要求(单位:cd[1])　表7-1

汽车类型	检查项目					
	新注册车			在用车		
	一灯制	二灯制	四灯制	一灯制	二灯制	四灯制
三轮汽车	8000	6000	—	6000	5000	—

---

[1] cd为坎德拉的缩写,是发光强度的单位。

续上表

汽车类型	检查项目					
	新注册车			在用车		
	一灯制	二灯制	四灯制	一灯制	二灯制	四灯制
最大设计车速小于70km/h的汽车	—	10000	8000	—	8000	6000
其他汽车	—	18000	15000	—	15000	12000

注:四灯制是指前照灯具有四个远光光束;采用四灯制的汽车其中两只对称的灯达到二灯制的要求时视为合格。

3. 光束照射位置要求

(1)在空载状态下,汽车前照灯近光光束照射在距离10m的屏幕上,近光光束明暗截止线转角或中点的垂直方向位置,对近光光束透光面中心(基准中心,下同)高度小于或等于1000mm的汽车,应不高于近光光束透光面中心所在水平面以下50mm的直线且不低于近光光束透光面中心所在水平面以下300mm的直线;对近光光束透光面中心高度大于1000mm的汽车,应不高于近光光束透光面中心所在水平面以下100mm的直线且不低于近光光束透光面中心所在水平面以下350mm的直线。除只装一只前照灯的三轮汽车外,汽车前照灯近光光束明暗截止线转角或中点的水平方向位置,与近光光束透光面中心所在处置面相比,向左偏移应小于或等于170mm,向右偏移应小于或等于350mm。

(2)在空载状态下,轮式拖拉机运输机组前照灯近光光束照射在距离10m的屏幕上,近光光束中点的垂直位置应小于等于0.7H(H为前照灯近光光束透光面中心的高度),水平位置向右偏移应小于或等于350mm且不应向左偏移。

(3)在空载状态下,对于能单独调整远光光束的汽车前照灯,前照灯远光光束照射在距离10m的屏幕上,其发光强度最大点的垂直方向位置,应不高于远光光束透光面中心所在水平面(高度值为H)以上100mm的直线且不低于远光光束透光面中心所在水平面以下0.2H的直线。除只装一只前照灯的三轮汽车外,汽车前照灯远光发光强度最大点的水平位置,与远光光束透光面中心所在垂直面相比,左灯向左偏移应小于或等于170mm且向右偏移应小于或等于350mm,右灯向左和向右偏移均应小于或等于350mm。

三、前照灯的基本结构

1.灯光组

前照灯的灯光组是由配光镜、反射镜和光源(灯泡或灯丝组件)等组合而成的组合件,分为封闭式灯光组和半封闭式灯光组。灯丝灯泡可拆卸更换的灯光组称为半封闭式灯光组;结合成一个不可拆整体的灯光组称为封闭式灯光组,它又分为白炽封闭式灯光组(SB)和卤钨封闭式灯光组(HSB)两种。采用封闭式灯光组的前照灯叫封闭式前照灯,采用半封闭式灯光组的前照灯叫半封闭式前照灯。

(1)灯泡。灯泡是前照灯的光源;汽车前照灯用灯泡的额定电压有6V、12V和24V共3种。灯泡的灯丝由功率大的远光灯丝和功率较小的近光灯丝组成,由钨丝制作成螺旋状,以缩小灯丝的尺寸,同时有利于光束的聚合。前照灯的灯泡分为充气灯泡、卤钨灯泡、高压气体放电灯泡(HID灯泡)三类。

充气灯泡的结构如图7-5a)所示。灯丝用钨丝制成,由于钨丝变热后会蒸发,容易沉积在灯泡上使其发黑,造成灯丝耗损,缩短灯泡寿命。因此,制造时将灯泡内空气抽出,然后充以氩、氪等混合惰性气体。充入惰性气体可以在灯丝发热膨胀后,增加玻璃壳内的压强,减少钨的蒸发,从而提高灯丝的工作温度和发光效率,延长灯泡使用寿命。

卤钨灯泡的结构如图7-5b)所示,它利用卤钨再生循环反应的原理制成。灯丝由钨丝制成,在充入的气体中加入卤族元素,如碘、溴、氯、氟等。灯泡工作时,从灯丝上蒸发出来的气态钨与卤素发生反应,生成一种挥发性的卤素钨,扩散到灯丝附近的高温区后,再次受热分解,使钨重新回到灯丝上,被释放出来的卤素继续扩散参与下一轮循环反应,从而防止了钨的蒸发和灯泡变黑。

卤钨灯泡的尺寸小,充入的惰性气体压力较高,工作温度也较高,因此,其玻璃泡壳采用耐高温、机械强度较高的石英玻璃或硬玻璃制成;由于钨的蒸发受到惰性气体压力的抑制,卤钨灯泡的发光效率比一般灯泡高50%~60%,使用寿命也长。

气体放电灯泡利用镇流器瞬间产生交流23kV以上高压电,激发球泡内的氙气,使其电离并在灯球两端电极产生电弧,电弧产生后使球泡内的金属卤化物及汞汽化,产生6~8个大气压的压力,使金属卤化物发光。

与常规灯泡相比,这种灯具有以下优点:使用寿命长,因为没有固态金属的蒸发,灯不会有机械磨损;由于光视效能高,加之工作温度低使能耗低,所以总效率较高。气体放电灯泡的结构如图7-5c)所示,汽车用的气体放电灯泡一端是底座,灯泡里有一个玻璃管作为防止紫外线辐射的屏蔽。

a)充气灯泡　　　b)卤钨灯泡　　　c)气体放电灯泡

图7-5　前照灯灯泡图

1、5-配光屏;2、4-近光灯丝;3、6-远光灯丝;7-泡壳;8-定焦盘;9-插片;10-高压端线;11-卤化物;12-氙气;13-灯管;14-钼丝;15-镍丝;16-低压陶瓷管;17-低压端线

(2)反射镜。反射镜用薄钢板冲压成旋转抛物面状,其内表面经镀银、镀铝或镀铬,并经抛光加工而成。由于前照灯灯丝的功率只有40～60W,灯泡的发光强度仅能照亮车前6m左右的路面。反射镜的作用,就是将灯泡的光线聚合、反射后导向前方,如图7-6所示。灯泡所发出的光线经反射镜反射后,变成平行光束射向远方,便发光强度增强上百倍至上千倍,达到2万～4万cd以上,从而使车前150～250m的路面都可

图7-6　反射镜对灯光的反射作用

被照得足够清楚,并尚有少量的散射光线照向侧面和下方,以利于照明两侧5～10m宽的路面。

(3)配光镜。配光镜又称散光玻璃,由透光玻璃制成。配光镜的外表面平滑,内表面设计成由许多特殊的透镜和棱镜形成的组合体。配光镜的作用是将反射镜反射出来的平行光线进行折射与散射,使照射区域具有良好而均匀的照明,且光照度的分布符合标准要求,如图7-7所示。

a)配光镜外观　　　　　　b)散射作用　　　　　　c)折射作用

图 7-7　配光镜的散射和折射作用

2. 前照灯的防炫装置

夜间迎面来车时,前照灯的强光使迎面而来的汽车驾驶人感到炫目,容易引发交通事故。为了避免前照灯的炫目作用,汽车上普遍采用装有远光灯丝和近光灯丝的双丝灯泡。其中,远光灯丝灯光较强,功率一般为 45～60W;近光灯丝灯光较弱,功率一般为 25～55W。当夜间行驶无迎面来车时,可接通远光灯丝,使灯光射向远方,便于提高车速;在有迎面来车时,通过前照灯的控制电路将远光切换成近光,便光束倾向路面,以防迎面来车对驾驶人造成炫目,同时清晰照明车前方的路面。

小提示:安装前照灯时必须确保安装位置正确,使近光灯丝位于反射镜的焦点上方,使其光束倾向路面,起到防炫目作用。

四、前照灯的种类

前照灯按反射镜的结构形式不同,可分为半封闭式和全封闭式两种类型,形状有圆形及矩形等,造型随车型而异。

1. 半封闭式前照灯

半封闭式前照灯的结构如图 7-8 所示。其中,反射镜由薄钢板冲压而成,配光镜依靠卷曲反射镜边缘上的牙齿而紧固在反射镜上,两者之间垫有橡皮密封圈并用螺钉固定连接在一起。灯泡从反射镜后端装入。灯泡可以互换,更换灯泡时不需拆开配光镜,但密封性差。

2. 封闭式前照灯

封闭式前照灯又称真空灯,其结构如图 7-9 所示。反射镜和配光镜制成一体,形成一个大灯泡,内部充以惰性气体,灯丝焊接在反射镜底座上。其优点是不受大气中灰尘和潮气的污染,密封性能好,可避免反射镜脏污,反射效率高,一个约30W的前照灯可产生75000cd的发光强度,且使用寿命长;缺点是灯丝烧坏后,需要更换前照灯总成。

图7-8　半封闭式前照灯的结构

1-调整螺栓;2-调整螺母;3-灯泡;4-接线片;5-插座;6-防尘罩;7-灯壳;8-拉紧弹簧;9-反射镜;10-调整圈;11-固定圈;12-配光镜

图7-9　封闭式前照灯的结构

1-近光灯丝;2-远光灯丝;3-配光屏;4-配光镜

为了保证安装时使远光灯丝位于反射镜旋转抛物面的焦点上,而近光灯丝位于焦点的上方,灯泡的插头一般制成插片式。插头的凸缘上有半圆形开口,与灯头上的半圆形凸起配合定位。3个插片插入灯头距离不等的3个插孔中,保证其可靠连接。这种插片式灯泡的优点是结构简单、拆装方便、接触性能可靠,并能与全封闭式前照灯通用,因此,国内生产的前照灯灯泡多采用这种结构。

3.氙气前照灯

高压气体放电灯俗称氙气灯,是气体放电灯的一类。氙气气体放电灯由前照灯灯泡、气体放电灯镇流器及前照灯照射行程控制作动器组成。它的灯泡两极间的间隙为4mm,工作时电压高达28kV,因此绝对不允许在其工作状态下进行拆装作业。氙气前照灯用一个氙气气体放电灯作为其中心元件,可使最小的空间获得最佳的照明强度。氙气气体放电灯点燃3s后才能达到最大亮度。一个35W氙气前照灯的通光量是一个55W普通卤素灯的两倍,但含较多的绿和蓝成分,一般使用寿命为1500～2500h,相当于汽车平均使用周期内全部运行时间。如图7-10所示为卡罗拉轿车用氙气前照灯。

前照灯灯盖

前照灯灯泡

前照灯单元

前照灯组成

图 7-10　氙气前照灯

4. LED 前照灯

图 7-11　LED 前照灯

氙气前照灯虽然亮度高,但存在高电压,一旦漏电,极易产生高压火,引起火灾。自从丰田在 2007 年 5 月在上市的"雷克萨斯 LS600"上使用 LED(发光二极管)前照灯以来,有些车型已经采用全 LED 车灯。奥迪 A8 上采用的 LED 前照灯如图 7-11 所示。

LED 是一种固体半导体组件。通电时,只有一部分电会通过半导体材料流通,多余的能量以光的形式释放出来,把电能转换为光能。LED 的亮度和电压的大小没有直接关系,车载 12V 低压电完全可以驱动 LED 发光。当加载到 LED 的电压一定时,通过 LED 的电流越大,LED 越明亮。

单个 LED 光源的亮度不及氙气灯。大多数的汽车前照灯里,需要一组 LED,但一组高亮度 LED 前照灯的成本远高于氙气前照灯。

五、前照灯的控制电路

为确保前照灯能正常工作,通常汽车还配备有灯光开关、变光开关,许多汽车还加装了前照灯继电器,灯开关也由分散的独立式开关发展为组合式开关。

1. 车灯开关

车灯开关可手动或自动进行操作。车灯开关结构示意图如图 7-12 所示。开关处于 ⫶O⫶ 挡时,前示廓灯、后位灯、牌照灯和仪表照明灯点亮;开关处于 ⫶O⫶ 挡时,⫶O⫶ 挡控制的灯点亮的同时,前照灯近光灯亮。

2.变光开光

将车灯开关处于挡,按如图7-13所示向1位置推动控制杆时,前照灯远光灯亮。将控制杆拉回中间位置则关闭远光灯。不管车灯开关处于什么挡位,当如图7-13所示向2方向拉动控制杆则打开远光灯,松开控制杆则关闭远光灯,从而实现远光灯闪烁功能。

图7-12　车灯开关结构示意图　　图7-13　变光开关示意图

前照灯基本控制电路如图7-14所示,一般由远光灯、近光灯、车灯开关、灯光继电器、变光开关(又称变光器)和熔断器等组成。人们通过车灯开关控制灯光继电器,以接通或切断前照灯的电源。夜间行车和迎面来车时,通过变光开关对前照灯电路的变换作用,使前照灯的远光灯和近光灯交替实现照明。为了保证前照灯的工作可靠性或扩大前照灯的用途,人们对前照灯的基本控制电路作了一些改进,如前照灯的保护电路、前照灯自动变光控制电路、前照灯延时关闭控制电路和提醒关灯电路等。

图7-14　前照灯基本控制电路图

小提示：前照灯亮时,示廓灯、牌照灯等小灯也同时点亮。

卡罗拉轿车前照灯电路图如图 7-15 所示。

图 7-15　卡罗拉轿车前照灯电路图(不带自动灯控)

　　将车灯开关打到"前照灯"挡、变光开关打到"近光"挡。电流流向为:电源→50 A 熔断丝→近光继电器线圈→变光开关的"HL"接线柱→变光开关的"H"接线柱→车灯开关的"H"接线柱→车灯开关的"E"接线柱→"E1"搭铁;近光继电器线圈通电、继电器触点闭合时,电流流向为:50 A 熔断丝→近光继电器触点左右侧近光熔断丝。左右近光灯 A65 和 A64、"A1"和"A3"搭铁。

　　将车灯开关打到"前照灯"挡、变光开关打到"远光"挡、远光灯 A37 和 A38 亮。电流流向为:50 A 熔断丝→远光继电器线圈→变光开关的"HU"接线柱→变光开关的"H"接线柱→车灯开关的"H"接线柱→车灯开关的"E"接线柱→"E1"搭铁;远光灯继电器线圈通电,继电器触点闭合时,电流流向为:50 A 熔断丝→远光继电器触点→左右远光熔断丝。左右侧远光灯 A38 和 A37、远光指示灯、"A1""A3"和"E1"搭铁。

　　将变光开关打到"闪光"挡(也叫"会车"挡)、左右侧近光灯 A65 和 A64 及左右侧远光灯 A37 和 A38 都亮。电流流向为:电源→50 A 熔断丝→远光继电器线圈和近光继电器线圈→变光开关的"HL"→"HU"接线柱→变光开关的"E"接线柱→"E1"搭铁,远光继电器线圈和近光继电器线圈同时通电,继电器触点闭合。电流流向为:电源→50 A 熔断丝→远光继电器触点和近光继电器触点→左右远光熔断丝和左右近光熔断丝。左右远光灯和左右近光灯、"A1"和"A3"搭铁。

六、灯光系统的其他功能

1.日间行车灯系统

　　日间行车灯系统用于在日间自动亮起 LED 灯,以使其他车辆对本车高度有足够的了解。

2.车门后视镜迎宾灯系统

　　车门后视镜迎宾灯系统操作车门后视镜迎宾灯,以确保在夜间接近或离开车辆时的可视性。

3.车灯自动熄灭系统

　　车灯自动熄灭系统用于避免出现驾驶人在前照灯、示廓灯、后位灯、后边灯或牌照灯仍亮起时就离开车辆的情况。

4.自动灯光控制系统

　　灯光控制开关位于"AUTO"位置时,自动灯光控制传感器检测到环境照明水平,并相应地自动亮起或熄灭前照灯、示廓灯、后位灯或牌照灯。自动灯光控制系统由主车身 ECU(多路网络车身 ECU)控制。

5. 自动前照灯光束水平控制系统

前照灯亮起时,自动前照灯光束水平控制系统根据车辆的移动情况来控制前照灯水平电机,电机转动实现光束下的水平控制。

6. 紧急制动信号

在紧急制动的情况下,危险报警闪光灯自动闪烁以提醒后方驾驶人,从而有助于减少追尾事故的发生。

7. 自动远光系统

自动远光系统检测车辆前方灯光,并自动切换远近光以辅助驾驶人夜间行驶。

课 题 二　前照灯电路的连接和灯泡的更换

一、作业前的准备

1. 工具、设备和材料的准备

(1)仪表板拆装工具(图 7-16)、一字螺丝刀、十字螺丝刀。

图 7-16　仪表板拆装工具

(2)磁力护裙、转向盘护套、变速器操纵杆手柄套、脚垫和座位套。

(3)举升机。

(4)新前照灯灯泡。

(5)卡罗拉轿车维修手册。

2. 作业前场地和车辆的准备

(1)汽车进入工位前,将工位清理干净,准备好相关的器材。

(2)将汽车停驻在举升机中央位置。

(3)拉紧驻车制动器操纵杆,并将变速器操纵杆置于空挡(N 挡)或驻车挡(P挡)位置。

(4)套上转向盘护套、变速器操纵杆手柄套和座位套,铺设脚垫。

（5）在车内拉动发动机舱盖手柄,在车外打开并支撑发动机舱盖。

（6）粘贴翼子板和前脸磁力护裙。

二、前照灯电路的连接

根据本教材中电路图(图7-15)以及卡罗拉轿车维修手册(电路图),分别找出图7-17~图7-20中车灯开关、熔断器、继电器、前照灯及各个相关连接器的位置。其中,1号接线盒位发动机舱盖下发动机右侧。车灯开关位于转向盘下面的转向柱上。

熔断器:
前照灯近光10A;
前照灯近光10A;
前照灯远光10A;
前照灯远光10A

近光继电器   远光继电器

图7-17 发动机1号继电器盒

前照灯50A

前照灯近光10A;
前照灯近光10A;
前照灯远光10A;
前照灯远光10A

图7-18 发动机1号继电器盒盖

小提示:接线盒盖的反面就是接线盒的实际布置图,操作时可对应进行查找。

拆下转向柱上盖板,即可找到车灯开关电路连接器,如图7-21所示。

图 7-19　前照灯连接器

图 7-20　车灯开关操纵手柄

图 7-21　车灯开关电路连接器

前照灯电路的搭铁点 A1、A3 和 E1 的位置如图 7-22 所示。前照灯灯泡及前照灯总成分别如图 7-23 ~ 图 7-25 所示。

B2　B1　　BA2 BA1

发动机舱
主线束

发动机4
号线束

A4　A3　　BD1　发动机线束　A1　A2

a)发动机舱搭铁点位置

E2　仪表板2号　E5　E3　仪表板线　A6
　　线束　　　　　　束总成

车顶线束
发动机室
主线束

A5

左前车门
线束

E1

发动机室主线束

右前车门线束

F4

地板2号线束

地板2号线束

地板线束　空调分　地板线束　仪表板线束
　　　　　线束

b)驾驶室搭铁点位置

图　7-22

c)搭铁点附近

图 7-22　前照灯电路搭铁点

小提示:搭铁线形式与普通导线有所不同,一般是扁平的铜质或铝质编织线,电流承载量大。

不对称凸缘

图 7-23　前照灯灯泡

小提示:前照灯灯泡的不对称凸缘结构可确保灯泡能正确安装。

图 7-24　前照灯总成

图 7-25　前照灯总成背面

三、前照灯灯泡的更换

1. 更换前照灯灯泡的注意事项

（1）即使只是薄薄一层油膜留在前照灯灯泡表面,也会由于其在较高温度下点亮而使灯泡的使用寿命缩短。更换灯泡时,务必握住灯的凸缘连接部位,使手不会接触灯的玻璃部分。

（2）由于灯泡的内部压力很大,掉落、撞击或损坏均可能导致灯泡爆炸和碎裂,因此要小心操作。

（3）更换灯泡时,如果将车灯透镜从车辆上拆下时间过长,可能会聚集灰尘和湿气。

（4）务必用相同功率的灯泡替换旧灯泡。

2. 前照灯灯泡的更换

（1）将位于转向柱侧面的点火开关置于"LOCK"位置;车灯开关置于空挡,断开电路连接。

（2）打开发动机舱盖。如图 7-26 所示,用食指拉开驾驶室里的发动机舱盖开关,打开发动机舱盖。

图 7-26　发动机舱盖开关

(3) 拆卸散热器上空气导流板。拆下 6 个卡子和散热器上空气导流板。用专用工具撬出或用手按下后再拔出卡子，如图 7-27 所示。取出空气导流板，如图 7-28 所示。

图 7-27　空气导流板拆卸

图 7-28　空气导流板

(4) 断开前照灯的连接器。用食指和大拇指压下连接器锁紧装置，断开连接器，如图 7-29 所示。

图 7-29　断开前照灯连接器操作图

小提示：断开连接器时，务必要看清楚连接器的结构，观察其有无锁紧装置，不同的锁紧装置采用不同的断开方式。

（5）拆卸前照灯灯泡。将前照灯灯泡稍稍压下，逆时针方向（图 7-30 中"OFF"方向）转动灯泡。如图 7-31 所示，取出前照灯灯泡。

图 7-30　拆卸前照灯灯泡

（6）安装前照灯灯泡。将前照灯灯泡上不对称凸缘与灯座缺口对齐，灯座上的不对称缺口如图 7-32 所示。稍稍压下灯泡，顺时针方向（图 7-30 中"ON"方向）转动灯泡，装上新的前照灯灯泡，然后连接连接器。

图 7-31　取出前照灯灯泡　　　图 7-32　灯座上的不对称缺口

更换新灯泡后，要确保它亮起。然后，再安装所有更换灯泡时拆下的零件。

（7）装回空气导流板。

（8）盖上发动机舱盖。

随动转向前照灯系统(Adaptive Front-lighting System,简称 AFS)又称自适应转向前照灯系统,它能够根据汽车转向盘角度、车辆偏转率和行驶速度,不断对前照灯进行动态调节,适应当前的转向角,保持灯光方向与汽车的当前行驶方向一致,以确保为前方道路提供最佳照明并为驾驶人提供最佳可见度。它能够根据行车速度、转向角度等自动调节前照灯的偏转情况,以便能够提前照亮"未到达"的区域,为驾驶人提供全方位的安全照明,从而显著增强了黑暗中驾驶的安全性。有无汽车随动转向前照灯系统的比较如图 7-33 所示。

a)无AFS   b)有AFS

图 7-33　有无汽车随动转向前照灯系统的比较

通常汽车上安装的普通前照灯具有固定的照射范围,当夜间汽车在弯道上转弯时,由于无法调节照明角度,常常会在弯道内侧出现"盲区",极大地威胁了驾驶人夜间行车安全。随动转向前照灯系统在灯组内安排了一套运动机构来带动灯具转动,移动的时机以及幅度全部由电控单元控制。电控单元会采集车速、转向盘角度等多方面信息,再向传动机构发出指令,使前照灯的光束按照具体的行车状况实时调整。

凯旋、凯美瑞、新天籁、新君越等轿车上都已配备了氙气随动转向前照灯系统,这在一定程度上扩大了驾驶人夜间行驶时的视野,提高了夜间行车的安全性。

四、评价与反馈

（1）对学习任务进行评价,学习任务评分表见表7-2。

学习任务评分表　　　　　　　　　　　　表7-2

考核项目	评分标准	分数	学生自评	小组互评	教师评价	小计
团队合作	是否和谐	5				
活动参与	是否积极主动	5				
安全生产	有无安全隐患	10				
现场5S	是否做到	10				
任务方案	是否正确、合理	15				
操作过程	前照灯电路各部件的查找与连接;拆卸前照灯灯泡;安装前照灯灯泡;前照灯灯泡更换竣工测试	30				
任务完成情况	是否圆满完成	5				
工具和设备使用	是否规范、标准	10				
劳动纪律	是否能严格遵守	5				
工单填写	是否完整、规范	5				
总分		100				
教师签写:			年　月　日		得分	

（2）能否向顾客提出正确使用汽车前照灯的建议?

项目八 汽车仪表的结构与拆装

课题一 汽车仪表结构与工作原理

为使驾驶人能够及时获取汽车各系统工作状态的相关信息,在驾驶室转向盘的前方台板上都装有仪表、报警灯及电子显示装置,如图 8-1 所示。常见的汽车仪表有车速里程表、发动机转速表、燃油表、冷却液温度表等。

按汽车仪表的工作原理不同,其发展可大致分为机械式、电气式、数字式三代,现代汽车仪表多为数字式仪表。数字式仪表可以通过步进电机来驱动仪表指针,也可以利用 LCD 液晶屏直接显示图形或文字信息,同时它还有智能处理单元,可以与汽车其他控制单元交互信息。不同的信息有不同的获取方式和显示方式,仪表信息获取方式主要有三种:通过车身总线传输、通过

A/D 采样转化、通过 I/O（输入/输出）状态变化获取。信息的显示方式主要有五种：

（1）通过驱动步进电机带动指针转动。

（2）通过点阵 LCD 显示屏显示图形或数字信息。

（3）通过段式 LCD 屏或数码管显示。

（4）通过 LED 灯的开关显示。

（5）通过蜂鸣器的不同鸣音指示当前状态。

图 8-1　大众速腾轿车仪表板布置

一、汽车常见仪表结构与工作原理

1. 冷却液温度表结构与工作原理

冷却液温度表的作用是指示发动机冷却水的温度，正常指示值一般为 80 ~ 105℃。冷却液温度表由装在仪表板上的冷却液温度指示表和装在发动机水套上的冷却液温度传感器配合工作。冷却液温度指示表有电热式和电磁式两类。现代汽车常用电热式冷却液温度指示表配热敏电阻式冷却液温度传感器。

热敏电阻式冷却液温度传感器电路图如图 8-2 所示。热敏电阻下端与壳体接触，通过壳体搭铁，上端通过弹簧与接线柱相通。

图 8-2　热敏电阻式冷却液温度传感器电路图

当发动机冷却液温度较低时,传感器热敏电阻阻值较大,冷却液温度表电路电流较小,冷却液温度表加热线圈温度较低,双金属片受热弯曲变形量较小,拉动指针指示低温区。当冷却液温度上升后,热敏电阻阻值减小,冷却液温度表电路电流增大,冷却液温度表加热线圈温度上升,双金属片受热弯曲变形量增大,指针指示高温区。

2.燃油表结构与工作原理

燃油表是用来指示油箱内储存油量多少的仪表。它由装在仪表板上的燃油指示表和装在燃油箱内的传感器构成。燃油指示表有电磁式和电热式两种,现代汽车常用电热式燃油表配可变电阻式传感器。

电热式燃油表的结构与电热式冷却液温度表相似,仅指示表的刻度不同。为了稳定电源电压,在其电路中串联了一个稳压器,如图8-3所示。

图8-3　电热式燃油表电路图

当油箱无油时,传感器的浮子处于最低位置,此时接通点火开关,电流的流向为:蓄电池正极→点火开关→稳压器触点→稳压器双金属片→燃油指示表加热线圈→传感器电阻→滑片→搭铁→蓄电池负极。由于传感器电阻全部串入电路中,流过燃油表加热线圈的电流很小,所以双金属片几乎不变形,指针指在0处,表示油箱无油。

当油箱的油量增加时,传感器的浮子上浮,滑片移动,使部分电阻被接入电路,于是流入加热线圈中的电流增大,双金属片受热弯曲而带动指针向1移动,指出油量的多少。

小提示:传感器的电阻末端必须搭铁,这样可以避免因滑片与电阻接触不良时产生火花而引起火灾。

3.仪表稳压器

电热式冷却液温度表及燃油表配用可变电阻式传感器时,应在电路中串入仪表稳压器,其作用是当电源电压变化时稳定仪表平均电压,避免仪表的指示误差。

4.车速里程表

车速里程表用来指示汽车行驶速度和累计汽车行驶里程数,它由车速表和里程表两部分组成。按其工作原理不同,可分为磁感应式和电子式两种。电子式车速里程表如图8-4所示,主要由车速传感器、电子电路、车速表和里程表四部分组成,既能指示汽车行驶速度,又能记录行驶里程(包括累计里程和单程里程),并具有复零功能。

图8-4　电子式车速里程表
1-车速传感器;2-转子;3-电子电路;4-车速里程表

车速表实际上是一个电磁式电流表,当汽车以不同车速行驶时,从电子电路接线端子输入与车速成正比的电流信号便驱动车速表指针偏转,从而指示相应的车速。

里程表由一个步进电动机及十进位齿轮计数器组成。步进电动机是一种利用电磁铁的作用原理将脉冲信号转换为线位移或角位移的微型电动机。车速传感器输出的频率信号经过分频后,再经功率放大器放大到具有足够的功率去驱动步进电动机,带动十进位齿轮计数器工作,从而记录累计里程和单程里程。

累计里程和单程里程的任何一位数字轮转动一圈,进位齿轮就会使其左边的相邻计数轮转动(1/10)圈。车速里程表上设有一个单程里程计复位杆,当需要清除单程里程时,只需按一下复位杆,单程里程计的数字轮就会全部复位为零。

电子式车速里程表克服了机械式车速里程表用软轴传输转矩的缺点,具有精度高、指针平稳和寿命长等特点。

5.发动机转速表

发动机转速表用来测量发动机曲轴转速。发动机转速表按其结构不同可分为机械式和电子式,其中应用较广泛的是电子式转速表。

电子式转速表按转速信号的获取方式不同,可分为从点火系获取信号的转速表、测取飞轮(或正时齿轮)转速的转速表、从发电机上获取转速信号的转速表。

二、报警信号装置

为了警示汽车、发动机或某一系统处于不良或特殊状态,引起驾驶人的注意,保证汽车可靠工作和安全行驶,汽车仪表板上安装了多种报警装置。

报警装置由报警灯和报警灯开关组成,当被监测的系统或总成工作不正常时,开关自动接通而使报警灯发亮,以提醒驾驶人注意,如机油压力报警灯、燃油存量报警灯、冷却液温度报警灯、气压不足报警灯、制动灯断线报警灯、液面过低报警灯等。报警灯通常安装在仪表板上,功率为 $1 \sim 4W$,在灯泡前设有滤光片,使报警灯发出黄光或红光,滤光片上通常制有标准图形符号。

1.机油压力报警灯

大部分汽车仪表板上装有机油压力报警灯。当润滑系统压力降低到允许限度时,报警灯亮,以引起驾驶人的注意。弹簧管式机油压力报警灯的电路如图 8-5 所示,它由装在发动机主油道的弹簧式传感器和装在仪表板上的红色报警灯组成。传感器为盒形,内有管形弹簧,管形弹簧一端经管接头与润滑系主油道相通,另一端与动触点相接,静触点经接触片与接线柱相连。

图 8-5 弹簧管式机油压力报警灯电路图

当机油压力低于 6～10kPa 时,管形弹簧变形很小,于是触点闭合,电路接通,使报警灯发亮。当机油压力超过 6～10kPa 时,管形弹簧变形大,使触点分开,电路切断,报警灯熄灭,说明润滑系工作正常。

2. 燃油存量报警灯

当燃油箱内燃油减少到规定值以下时,燃油存量报警灯点亮。如图 8-6 所示,燃油存量报警灯由热敏电阻式传感器和报警灯组成。当燃油箱内燃油量多时,热敏电阻元件浸没在燃油中散热快,其温度较低,电阻值大,报警灯处于熄灭状态。当燃油减少到规定值以下时,热敏电阻元件露出油面,散热慢,温度升高,电阻值减小,电路中电流增大,则报警灯发亮,提醒驾驶人及时加油。

图 8-6　燃油存量报警灯电路图

3. 冷却液温度报警灯

冷却液温度报警灯的作用是当冷却液温度升高到一定限度时,报警灯自动发光,以示报警,其电路图如图 8-7 所示。在传感器的密封套管内装有条形金属片,双金属片自由端焊有动触点,静触点直接搭铁。冷却液温度正常时,传感器因感温低,双金属片几乎不变形,触点分开,报警灯不亮。如果冷却液温度升高到 95℃ 以上时,双金属片则由于温度高而弯曲,使触点闭合,红色报警灯便通电发亮。

三、卡罗拉轿车仪表电路

1. 仪表电路工作原理

卡罗拉轿车仪表分为光电仪表和非光电仪表两种。如图 8-8 所示为非光电仪表的电路图。

图8-7 冷却液温度报警灯电路图

图 8-8

图 8-8　卡罗拉轿车非光电仪表电路图

仪表的电源电路提供两种类型的电源:一种是5V稳压电源,另一种是主要用于信号传输的IG电源。稳压电源主要用作组合仪表总成中的CPU的备用电源,也可用于CAN通信。当点火开关置于ON(IG)位置时,12V的电压通过7.5A的METER熔断器到E46组合仪表总成33号端子"IG+",向指示灯电路供电。电源的电也通过10AECU-B熔断丝提供给仪表总成。

防滑控制ECU向车速传感器提供电源,防滑控制ECU基于电压脉冲检测车速信号。组合仪表总成中的CPU通过CAN通信线路接收来自防滑控制ECU的车速信号。

小提示:车速表上显示的车速有误差允许范围。

组合仪表总成中的CPU通过CAN通信线路接收来自ECM的发动机转速信号,计算出发动机转速数据,在转速表中显示发动机相应转速。

燃油表传感器向仪表总成输送信号,仪表CPU确定燃油箱内的燃油油位,燃油表显示油量的多少并控制燃油存量报警灯是否点亮。

小提示:当燃油油位低于9.2L时,燃油存量报警灯将亮起。

仪表CPU通过CAN通信线路接收来自ECM的发动机冷却液温度信号,根据从ECM接收的数据计算并显示发动机冷却液温度,冷却液温度表显示冷却液温度并控制冷却液温度报警灯。

发动机机油压力开关总成将信号输送给组合仪表总成,控制油压报警装置工作。

2. 卡罗拉ZRE151、152系列仪表的显示屏结构

卡罗拉ZRE151、152系列仪表的显示屏分不带多信息显示的显示屏和带多信息显示的显示屏两种。不带多信息显示的显示屏如图8-9所示,带多信息显示的显示屏如图8-10所示。

图8-9 不带多信息显示的显示屏

图 8-10　卡罗拉 151、152 汽车仪表显示屏结构

卡罗拉轿车非光电组合仪表中有车速表、发动机转速表、发动机冷却液温度表、燃油表，以及各种报警和指示灯。各仪表的名称和作用见表 8-1。报警及指示灯的作用见表 8-2。巡航显示屏可显示五种信息：当前油耗、剩余燃油可行驶里程、起动后的平均油耗和平均车速、发动机起动后的行驶时间，显示内容可通过位于组合仪表左下的 DISP（显示）开关按钮进行切换。多信息显示屏位于速度表下方，多信息显示屏显示内容见表 8-3。

卡罗拉 151、152 汽车仪表的名称和作用　　　　　表 8-1

仪 表 名 称	作 用
速度表	根据来自防滑控制 ECU 的信号指示车速
发动机转速表	根据来自 ECM 的信号指示发动机转速
发动机冷却液温度表	根据来自 ECM 的信号指示发动机冷却液温度
燃油表	根据来自燃油表传感器的信号指示燃油油位

卡罗拉 151、152 汽车报警及指示灯的名称和作用　　表 8-2

报警及指示灯名称	作 用
转向信号	接收来自转向信号闪光灯继电器的转向信号（直线连接）
光束	接收来自前照灯变光继电器的光束信号（直线连接）
充电	接收来自发电机的充电指示灯信号（直线连接）
检查发动机	接收来自 ECM 的检查发动机灯信号（直线连接）

续上表

报警及指示灯名称	作　用
驾驶人安全带	接收来自主车身 ECU 的驾驶人侧安全带信号(1 号 CAN 总线)
乘客安全带	接收来自前排乘客座椅安全带锁扣开关的前排乘客侧安全带信号,并向前排乘客座椅安全带报警灯发送前排乘客侧安全带状态信号(直线连接)
TAIL	接收来自前照灯继电器的 TAIL 指示灯信号(直线连接)
燃油	接收来自燃油表传感器的燃油信号(直线连接)
AT 挡位	接收来自驻车挡/空挡位置开关和 ECM 的 A/T 换挡状态信号和 A/T 挡位信号(CAN1 号总线)
ABS	接收来自防滑控制 ECU 的 ABS 信号(1 号 CAN 总线)
SLIP(带 VSC)	接收来自防滑控制 ECU 的 SLIP 信号(1 号 CAN 总线)
VSC OFF(带 VSC)	接收来自防滑控制 ECU 的 VSC 信号(1 号 CAN 总线)
制动系统	接收来自制动液液位警告开关(直线连接)和防滑控制 ECU 的制动信号(1 号 CAN 总线)
巡航(带巡航控制系统)	接收来自 ECM 的巡航信号(1 号 CAN 总线)
气囊	接收来自中央气囊传感器总成的气囊信号(1 号 CAN 总线)
机油压力(不带多信息显示屏)	接收来自发动机机油压力开关的机油压力信号(直线连接)
车门(不带多信息显示屏)	根据从主车身 ECU 接收的车门状态信号,车门未关报警灯亮起(1 号 CAN 总线、CANMS 总线)

续上表

报警及指示灯名称	作　　用
调平(带前照灯光束高度自动控制)	接收来自前照灯光束高度调整 ECU 的前照灯光束高度调整信号(直线连接)
前雾	接收来自雾灯继电器的前雾灯信号(直线连接)
后雾	接收来自雾灯继电器的后雾灯信号(直线连接)
P/S	接收来自动力转向 ECU 的动力转向信号(CAN1 号总线)
主	接收来自其他 ECU 的故障/诊断/提醒信号(CAN1 号总线)

多信息显示屏显示内容　　　　　　　　表 8-3

名　　称	显　示　内　容
警告(车门警告)	当警告出现时,立即中断多信息显示屏的显示
诊断	能够显示制动控制系统的 DTC(诊断故障码)
时钟	(1)可以显示时钟; (2)可通过位于组合仪表左下的 DISP 开关按钮切换和定制显示
日历	(1)可以显示日历; (2)可通过位于组合仪表左下的 DISP 开关按钮切换和定制显示
外部温度	(1)可以显示外部温度; (2)接收来自防滑控制 ECU(CAN1 号总线)的车速信号和来自外部温度传感器(直线连接)的环境温度信号,并输出外部温度信号(1 号 CAN 总线)

续上表

名　　　称	显 示 内 容
变光	(1)可以显示组合仪表亮度的当前设置； (2)可通过位于组合仪表右下的 DISP 开关按钮定制组合仪表亮度
总里程表/ 短程里程表	(1)可以显示总里程表/短程里程表； (2)可通过位于组合仪表右下的 DISP 开关按钮切换和定制显示

课 题 二　汽车仪表的线路连接与拆装

一、作业前的准备

1. 工具、设备和材料的准备

(1)仪表板拆装工具、一字螺丝刀、十字螺丝刀。

(2)磁力护裙、转向盘护套、变速器操纵杆手柄套、脚垫和座位套。

(3)举升机。

(4)卡罗拉轿车维修手册。

2. 作业前场地和车辆的准备

(1)汽车进入工位前,将工位清理干净,准备好相关的器材。

(2)将汽车停驻在举升机中央位置。

(3)拉紧驻车制动器操纵杆,并将变速器操纵杆置于空挡(N 挡)或驻车挡(P挡)位置。

(4)套上转向盘护套、变速器操纵杆手柄套和座位套,铺设脚垫。

二、汽车仪表的线路连接

下面以卡罗拉轿车为例,说明仪表电路的连接情况。

根据图 8-8 以及卡罗拉轿车维修手册(电路图),分别在图 8-11 ~ 图 8-13 中找出组合仪表总成 E46、熔断器、燃油泵及燃油表传感器总成 L17、发动机机油压力开关总成 B6、发动机冷却液温度传感器 B3 及各个相关连接器的位置。

图 8-11 卡罗拉轿车仪表系统各零件位置图 1

- 制动主缸储液罐
- 制动液液位报警开关
- 滑动天窗控制ECU
- 燃油表传感器总成
- 组合仪表总成
- 防滑控制ECU
- 发电机
- 发动机舱继电器盒和发动机舱接线盒 –ECU–B熔断丝

- 认证ECU（带智能上车和起动系统）
- 间隙警告ECU（带丰田驻车辅助传感器系统）
- 前排座椅内安全带总成
- 空调放大器
- ECM
- 乘员检测传感器
- 前排座椅内安全带总成
- 前排乘客安全带报警灯
- 收音机
- 中央气囊传感器总成
- 前照灯光束高度调整ECU(带前照灯光束高度自动控制)
- 主车身ECU（仪表板接线盒）–METER熔断丝
- DCL3

图 8-12 卡罗拉轿车仪表系统各零件位置图 2

a)AT轿车　　　　　　　　　　　b)MT轿车

图 8-13　卡罗拉轿车仪表系统各零件位置图 3

组合仪表总成连接器 E46 端子分布如图 8-14 所示,连接器 EL2 的端子分布如图 8-15 所示,BA1 线束连接器端子分布如图 8-16 所示,连接器 AE1、AE2、AE3、AE5 线束连接器端子分布如图 8-17 所示。连接器 L17 位于油箱处,如图 6-22 所示。组合仪表 E46 连接器位置如图 8-18 所示,冷却液温度传感器 B3、发动机机油压力开关总成 B6 连接器位置如图 6-21 所示,制动液液位警告开关 A12、环境温度传感器 A23 连接器位置如图 6-20 所示,搭铁点 A1、E2 位置如图 7-22 所示。

E46

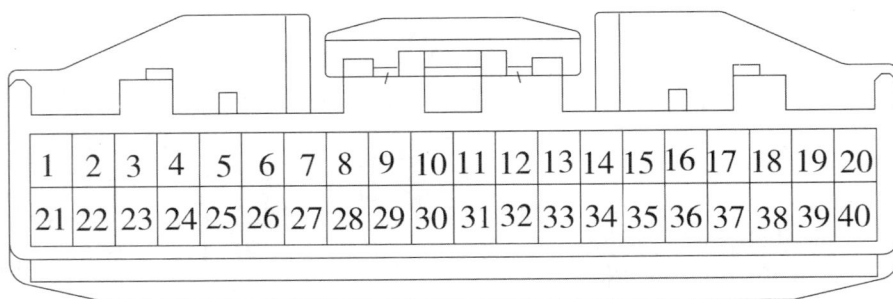

图 8-14　组合仪表总成 ECU 端子分布

小提示:卡罗拉电路图中未标明颜色的连接器均为白色。

EL2

图 8-15　位于仪表板左侧下部的 EL2 线束连接器端子分布

BA1

图 8-16　BA1 线束连接器端子分布

AE1　　　AE2

AE3　　　AE5

图 8-17　AE1、AE2、AE3、AE5 线束连接器端子分布

图 8-18　仪表板内零件的位置

E32-动力转向 ECU 总成;E34-导航接收器总成;E35-导航接收器总成;E36-认证 ECU 总成;E37-前电子钥匙振荡器;E38-电源开关;E39-转向锁执行器总成;E41-危险报警闪光灯信号开关总成;E42-前照灯清洗器开关总成;E44-前照灯光束高度调整开关;E46-组合仪表总成;E47-VSC OFF 开关;E49-转向传感器;E50-主车身 ECU(带智能上车和走动系统和/或带自动灯控);E51-主车身 ECU;E52-主车身 ECU;E53-接线连接器;E54-接线连接器;E55-接线连接器;E56-接线连接器;E57-接线连接器;E58-接线连接器;E59-接线连接器

　　3A、3B 线束连接器位于 3 号接线盒内,3 号接线盒位于前围右侧,其端子分布如图 8-19 所示。

　　4A、4B、4C 连接器位于 4 号接线盒内,4 号接线盒位于仪表板右侧支架上。2B、2C、2D、2E、2H、2M 线束连接器位于仪表板接线盒内,仪表板接线盒位于前围左侧,上面安装有各种继电器,其分布如图 8-20、图 8-21 所示。

三、汽车仪表的拆装

1.仪表结构

卡罗拉 151、152 系列组合仪表的结构如图 8-22 所示。

(自仪表板线束)

③A

③B

(自仪表板线束)

图 8-19　3 号接线盒端子分布

2. 拆卸步骤

小提示:在进行以下操作前,首先阅读 SRS 气囊注意事项。

(1)拆卸仪表板左下装饰板。如图 8-23 所示,脱开 3 个卡爪和卡子,并拆下仪表板左下装饰板。

图 8-20　仪表板接线盒图 1

（2）拆卸仪表板左端装饰板。如图 8-24 所示,在图示位置粘贴保护性胶带,插入车顶防护条拆卸工具并向卡子滑动拆卸工具。如图 8-25 所示,用双手拉动拆卸工具以将卡子脱开。如图 8-26 所示,脱开 2 个卡爪和卡子,拆下仪表板左端装饰板。

（3）拆卸仪表组装饰板总成。操作倾斜度调节杆降下转向盘总成。在图 8-27 所示位置粘贴保护性胶带,如图 8-28 所示,脱开导销、卡爪和 3 个卡子,并拆下仪表组装饰板总成。

主车身ECU

(自仪表板线束)

2M

2Q

(自仪表板线束)

2S

2P

(自仪表板线束) (自仪表板线束)

图 8-21　仪表板接线盒图 2

×2

组合仪表总成

仪表组装饰板总成

仪表板左端装饰板

仪表板左下装饰板

组合仪表玻璃

图 8-22　卡罗拉 ZRE151、152 系列组合仪表结构图

181

图8-23　拆卸仪表板左下装饰板　　图8-24　拆卸仪表板左端装饰板第1步

保护性胶带

图 8-25　拆卸仪表板左端　　图 8-26　拆卸仪表板左端装饰板
　　　　装饰板第2步　　　　　　　　　第3步

小提示:拆下组合仪表总成时,小心不要损坏导销。拆下组合仪表总成时,不要损坏上仪表板分总成或组合仪表总成。

(4)拆卸组合仪表总成。如图 8-29 所示,拆下 2 个螺钉、脱开 2 个导销。如图 8-30 所示,拉出组合仪表总成,断开连接器,并拆下组合仪表总成。

(5)拆解组合仪表总成。如图 8-31 所示,脱开 8 个卡爪,并拆下组合仪表玻璃。

保护性胶带

图 8-27　粘贴保护性胶带

□:导销

图 8-28　仪表组装饰板总成的拆卸

□:导销

图 8-29　组合仪表总成螺钉
和导销的拆卸

图 8-30　组合仪表总成的拆卸

图 8-31　组合仪表总成的拆解

3. 安装步骤

(1)安装组合仪表总成。连接连接器,并暂时安装组合仪表总成。

小提示:安装组合仪表总成时,不要损坏上仪表板分总成或组合仪表总成。

(2)接合 2 个导销,用 2 个螺钉安装组合仪表总成。

小提示:安装组合仪表总成时,将导销牢固地插入上仪表板分总成的孔内,小心不要损坏导销。

(3)安装仪表组装饰板总成。接合导销、卡爪和 3 个卡子,并安装仪表组装饰板总成。清除转向柱罩上贴着的保护性胶带。

(4)安装仪表板左端装饰板。接合 2 个卡爪和 2 个卡子,并安装仪表板左端装饰板,如图 8-32 所示。

(5)安装仪表板左下装饰板。如图 8-33 所示,接合 3 个卡爪和卡子,并安装仪表板左下装饰板。

图 8-32　左端装饰板的安装　　　　图 8-33　左下装饰板的安装

四、评价与反馈

(1)对学习任务进行评价,学习任务评分表见表 8-4。

学习任务评分表　　　　　　　　　表 8-4

考核项目	评分标准	分数	学生自评	小组互评	教师评价	小计
团队合作	是否和谐	5				
活动参与	是否积极主动	5				
安全生产	有无安全隐患	10				
现场 5S	是否做到	10				

考核项目	评分标准	分数	学生自评	小组互评	教师评价	小计
任务方案	是否正确、合理	15				
操作过程	熟悉汽车仪表的结构;仪表线路的连接;拆卸组合仪表总成;安装组合仪表总成	30				
任务完成情况	是否圆满完成	5				
工具和设备使用	是否规范、标准	10				
劳动纪律	是否能严格遵守	5				
工单填写	是否完整、规范	5				
总分		100				
教师签写:			年　月　日		得分	

（2）能否向顾客说明汽车仪表的作用?

项目九 汽车音响系统的结构与拆装

课 题 一　汽车音响系统的结构

一、汽车音响系统的组成

汽车音响有助于创造车内舒适环境,使驾驶人和乘客能轻松自在地从音响中收听音乐和节目。驾驶人借助汽车音响能听到重要新闻,包括道路交通消息。除了收听广播电台外,汽车音响还具有多媒体播放功能。此外,导航、人车交互、驻车辅助等系统的部分功能也需要通过音响系统来实现,因此随着时代的变迁,音响系统的结构越来越复杂,功能也越来越强大。

普通音响系统包括收音机、扬声器、天线和控制按键等部件,高配的音响系统还包括音频功率放大器(功放)、显示屏、辅助接口以及收音机控制模块等部件,如图 9-1 所示。高配的音响系统的结构复杂、功能强大,为了实现较好的收视效果,部分车型还采用了网络系统。

图 9-1　音响系统控制构成部件
注:虚线表示网线连接。

1. 收音机

如图 9-2 所示,收音机的主要作用是接受和处理音频信号及视频信号,然后把音频信号输出到功率放大器或扬声器,再把视频信号输出到显示屏上。收音机模块位于前中央控制台显示屏的后部,通常连接在低速网络上;在带有 MOST 网络(面向媒体的信息传输系统)的车辆上,收音机模块同时也是网络的主控模块,可以管理并诊断网络。在未配置功率放大器的车辆上,扬声器直接连接在收音机模块上;配置功率放大器的车辆,扬声器连接在音频放大器上。

图 9-2　收音机

某些中、高档车上还会配置车载卫星收音机,与传统 AM/FM 收音机相比,卫星收音机能为听众提供更好的音质和更多的节目选择。在内容上,卫星收音机拥有数量巨大、种类繁多的音乐、体育、新闻和娱乐节目储存,传统的广播节目难以相比。卫星收音机不但可使消费者收听到更多节目,即使在午夜也有更多的节目可以选择,而且大大降低了山峰、建筑物等对节目信号的反射干扰。

2. 显示屏

不同车辆配置的显示屏尺寸可能不同,高配车辆前部仪表台中央一般配备可触摸彩色显示屏,后部配置娱乐系统或头枕式液晶屏。

3. 音响控制按键

音响控制按键主要有音响控制面板、转向盘音响按键和触摸屏控制按键三种,如图9-3所示,通过这些按键可把操作指令输送给音响模块。

图9-3　音响控制面板及转向盘音响按键

4. 扬声器

扬声器把来自放大器的电信号转换成声波,一般安装在仪表台、车门、后风窗玻璃下部、行李舱内,如图9-4所示。扬声器的数量和车辆配置有关,一般车辆档次越高,扬声器数量越多。扬声器根据播放频率范围不同,可以分为高音扬声器、中音扬声器和超低音扬声器三种。

图9-4　扬声器

5. 音频放大器

音频放大器的作用是增加电压或电流信号的功率。收音机产生一个低电平立体声音频输出信号,并以用户设定的音量向音频放大器发送。放大器将信号放大,并将它送给相应的扬声器。音频放大器一般安装在行李舱侧壁上。

6. 辅助接口

音响系统可能带有辅助输入插孔。例如 USB、AUX 接口等,用户通过这些接口可以连接 IPAD、USB 存储器设备或便携式音频播放机,播放自带娱乐设备或移动存储设备中的音乐和视频。

二、汽车音响系统的功能

汽车音响系统除了可以播放声音和视频外,还有很多其他功能,如在一些高端车辆上配备的语音识别、蓝牙等功能。

1. 语音识别

语音识别是近期车载娱乐系统中较为高端的配置,它允许驾驶人在保证视觉注意力不被分散的情况下去执行娱乐系统的操作,如使用语音指令来确定导航目的地设置等。通常驾驶人必须使用标准清晰的语言来进行指示,如"呼叫""拨号"等。语音识别系统可将语音指令与储存在系统内的单词或词组进行匹配。最新的声音识别系统具有一定的自然语音识别功能,语言识别能力更强。语音识别系统的一个主要输入部件就是麦克风,它常常位于驾驶人的遮阳板侧或风窗玻璃区域上部。

2. 蓝牙

蓝牙是一种支持设备短距离通信的无线电技术,是数据和语音无线传输的开放式标准。它将各种通信设备、计算机及其终端设备、各种数字系统用无线方式连接起来。蓝牙能使各种无线电子产品之间实现相互通信,包括手机、电脑、车辆等。蓝牙采用 2.45GHz 的频率进行通信传输,其传输速率为 1Mb/s。由于信号功率只有 1mW,所以蓝牙设备的有效距离限定在约 10m 范围内。车载蓝牙设备可以和用户的手机及蓝牙设备进行匹配,不需要通过电线或电话托架便可与手机相连。车主可以不接触手机,甚至是双手保持握在转向盘上,就可以控制手机,用语音指令接听或拨打电话。通常情况下车辆最多可以与 10 个蓝牙装置配对,但同时只能与一个装置连接。一旦蓝牙车载电话与车辆完成配对,当点火开关处于"ON"位置且手机蓝牙功能打开时,它会自动与车辆进行连接。用户除了可以利用蓝牙拨打电话外,也可以播放音乐。

3.随速音量补偿

配备随速音量补偿功能的车辆,音响系统会随着车速的增加自动提高音量,以此来抵消道路噪声和风噪。若要使用车速补偿音量功能,可以通过个性化设置打开。

4.个性化设置

车辆音响系统可以根据车主的喜好自行设置相应功能,这称为个性化设置。车主可以通过按下按钮"CONFIG"进行设置,包括语言、时间、音量、电台存储、蓝牙、车辆功能设置等,具体内容请参见车辆的用户手册。

很多汽车上的音响娱乐系统除了能播放音频或影像之外,还带有导航功能,用户可以通过车载导航系统按键及显示屏方便地设置目的地,使得驾驶过程更加轻松。

三、汽车音响系统的结构

如图9-5所示为卡罗拉轿车音频和视频系统零件位置图,图9-6所示为卡罗拉轿车音频和视频系统图。该车音频和视频系统主要包括收音机、扬声器、天线等。

图9-5　卡罗拉轿车汽车音频和视频系统零件位置图

图9-6　卡罗拉轿车汽车音频和视频系统图

小提示:寒冷或下雨天气时,如果窗户湿气增加,播放机内可能形成湿气及凝露。在这种情况下,CD可能出现跳读情况或者CD在播放中途停止。使用播放机前,应对车厢进行一段时间的通风或除湿。

四、卡罗拉汽车音响电路

1. 收音机和组合仪表之间的车速信号电路

收音机和组合仪表之间的车速信号电路如图9-7所示。此电路是内置于收音机内的ASL(自动音频补偿器)所需的电路。组合仪表接收车速信号并用于ASL电路。为了在车辆噪声增大时也能达到清晰的音响收听效果,ASL功能会自动调整声音数据(比如在车辆噪声增大时调高音量等)。

各ECU输出12V或5V的电压,然后将该电压输入组合仪表。在组合仪表的晶体管中,此信号转变成脉冲信号,各ECU根据此脉冲信号控制各系统。

如果任何一个ECU或者连接到ECU的线束发生短路,则图9-7中的所有系统都将无法正常工作。

2. 转向盘装饰盖开关电路

如图9-8所示,转向盘装饰盖开关电路将工作信号从转向盘装饰盖开关信号发送到收音机。如果该电路断路,则无法通过转向盘装饰盖开关操作音响系统。如果该电路短路,将出现与持续按住开关相同的状况。因此,无法通过转向盘装饰盖开关操作收音机,并且收音机本身也无法工作。

图 9-7　收音机和组合仪表之间的车速信号电路

图 9-8　转向盘装饰盖开关电路

3.收音机和转向盘装饰盖开关照明电路

如图 9-9 所示,当灯控开关置于"TAIL"或"HEAD"位置时,收音机和转向盘装饰盖开关照明电路向收音机和转向盘装饰盖开关供电以照明。

图 9-9 收音机和转向盘装饰盖开关照明电路

4.扬声器电路

如图 9-10 所示,当收音机有内置式放大器时,声音信号通过扬声器电路从收音机发送至扬声器。

图 9-10 扬声器电路

5.收音机电源电路

收音机电源电路如图 9-11 所示,该电路负责向收音机供电。

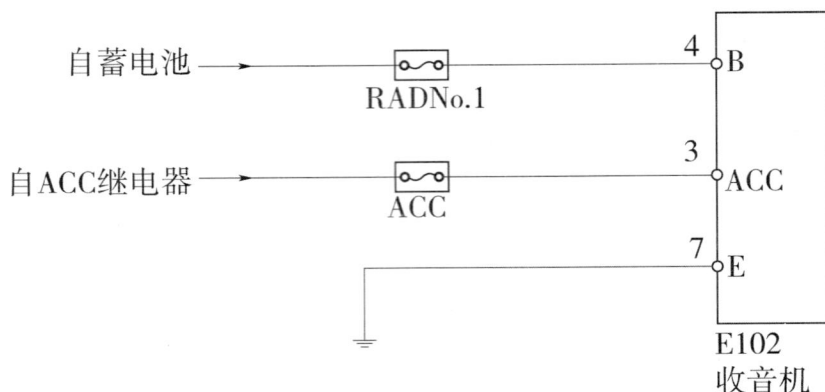

图 9-11　收音机电源电路

五、人车交互系统

人车交互系统是信息化技术发展的产物,该系统实现了人与车辆之间的对话功能。车主可通过该系统,轻松把握车辆状态信息(车速、里程、当前位置和车辆维护信息等)、路况信息、定速巡航设置、蓝牙免提设置、空调及音响等设置。美国、日本车型人机交互系统主要通过 Call Center 实现远程控制,德国车型主要实现车主对车辆中央控制系统的控制,如奥迪的 MM、宝马的 iDrive、奔驰的 COMMAND。下面以通用汽车上的安吉星(Onstar)系统为例,介绍一下人车交互系统的组成及功能。

安吉星系统是北美洲最流行的信息远距离传送服务,主要采用无线技术和全球定位系统(GPS)卫星向车辆提供完善的无线服务。安吉星拥有自己的客服中心,有服务顾问全年全天候实时为客户提供个性化帮助。安吉星系统是以车为主体,利用无线通信技术,与外部网络相连接,实现人与外在信息资源之间单向或双向传输的互动系统,主要包括安全保障、导航服务、安心服务和便利服务等功能。

1.安吉星系统的组成

安吉星系统主要组成部件包括三按键总成、天线组件、麦克风及车辆通信接口模块等。有的车辆还有蓝牙天线和备用电池,如图 9-12 所示。

安吉星按键总成是后视镜总成的一个组成部分,包含 3 个按键及一个 LED 状态指示灯,3 个按键分别是呼叫/应答、安吉星呼叫中心和安吉星应急,如

图 9-13 所示。远程通信接口控制模块通过 10V 参考电压电路为安吉星按键总成提供 10V 电压。每按下一个按键时,都通过一个电阻器或一组电阻器形成一个回路,使特定电压通过信号电路返回远程通信接口控制模块。远程通信接口控制模块能够根据返回的电压范围识别出是哪个按键被按下。按键的主要功能如下:

(1)带有白色电话图标的按键用于应答和终止呼叫,也可以启动语音识别以及收听导航。

(2)带有安吉星标识的蓝色按键用于和安吉星客服中心取得联系。

(3)带有白色十字的红色按键用于向安吉星客服中心发出具有高优先权的紧急呼叫。

图 9-12　安吉星系统的组成

图 9-13　安吉星系统按键总成

安吉星 LED 指示灯位于该按键总成上,其工作状态如下:

(1)指示灯为绿色,指示系统处于正常的运行状态。

(2)指示灯为绿色闪烁,指示正在通话中或有电话呼入。

(3)指示灯为红色,指示系统有故障。

(4)指示灯为红色闪烁,指示在系统存在故障的情况下进行呼叫。

（5）指示灯不亮,指示服务未生效或已经过期。

如果 LED 不点亮,可能表示用户安吉星账户服务未启动或者过期,按下蓝色安吉星按键,可以与客服人员沟通开启功能。

2. 安吉星系统的功能

客户通过 3 个按键和热线电话实现系统提供的各项服务。

（1）安全气囊展开求助功能。如果车辆碰撞导致安全气囊爆开,装备安吉星的车辆会自动与客户服务中心取得联系。同时,车辆的当前位置也将由全球定位系统确定,并自动发送至客户服务中心。服务顾问会与车辆通话,若车主无法应答,服务顾问将主动联系事发地的公共紧急救援服务机构。

（2）碰撞求助功能。当装备安吉星系统的车辆发生较为严重的碰撞时,即使安全气囊没有展开,车辆也会自动发出求救信号呼叫服务中心。

（3）紧急援助协助。按下红色按键联系服务中心,可获得紧急援助协助。

（4）爱心路人援助。在行车途中如发现他人遇到紧急情况,可按下红色按键向客服中心报告该情况。

（5）被盗车辆定位。拨打服务热线联系服务中心,可获得被盗车辆定位帮助。

（6）车门远程应急开启。当车主不慎将车钥匙锁在车内时,只需致电客户服务热线,在车主的身份被验证后,客户服务顾问会帮助车主进行远程车门应急开启。

（7）车停位置提示。当车主忘记车辆停放地点,致电客户服务热线,安吉星系统可以发出信号让车辆鸣喇叭或开启危险报警闪光灯（全部转向信号灯）。

（8）路边救援协助。如果车主遇到困难,如爆胎、燃油耗尽、蓄电池没电、需要拖车牵引等,按下蓝色按键联系服务中心,客户服务顾问将获取车辆的准确位置,从而指引道路援助人员及时到达并提供帮助。

（9）全程语音领航。先按下蓝色按键联系服务中心,后按下白色按键通过语音操控导航。当车辆需要导航时,服务中心可将语音导航数据直接下载到车主的车辆。在行驶过程中,系统会自动分析判断车辆需要驶过的每个路口,并在接近下一个路口时给出语音提示,有的车型也会通过音响界面显示指示信息。

（10）目的地设置协助。按下蓝色按键联系服务中心,获得目的地设置协助。

（11）兴趣点向导。按下蓝色按键联系服务中心,实现兴趣点向导服务,可以查询所需要的兴趣点信息,如医院银行、超市等。

（12）车况检测报告。注册时提供一个电子邮件地址,可获得车况检测报告。

（13）实时按需检测。按下蓝色按键联系服务中心,可获得实时按需检测服务。如果车主想及时了解车辆状况,或车上有任何故障灯点亮,可及时按下蓝色按钮呼叫,客户服务顾问将告知当前的车况以及相应的解决建议。

课 题 二　　汽车音响系统的拆装

一、作业前的准备

1. 工具、设备和材料的准备

(1)仪表板拆装工具、一字螺丝刀、十字螺丝刀。

(2)磁力护裙、转向盘护套、变速器操纵杆手柄套、脚垫和座位套。

(3)举升机。

(4)卡罗拉轿车维修手册。

2. 作业前场地和车辆的准备

(1)汽车进入工位前,将工位清理干净,准备好相关的器材。

(2)将汽车停驻在举升机中央位置。

(3)拉紧驻车制动器操纵杆,并将变速器操纵杆置于空挡(N 挡)或驻车挡(P挡)位置。

(4)套上转向盘护套、变速器操纵杆手柄套和座位套,铺设脚垫。

(5)在车内拉动发动机舱盖手柄,在车外打开并支撑发动机舱盖。

(6)粘贴翼子板和前脸磁力护裙。

二、汽车收音机的拆装

下面以卡罗拉轿车为例,说明汽车音响的拆装工艺。翻阅卡罗拉轿车维修手册,对照汽车实物,找出汽车音响各组成及在车上的位置。

1. 收音机的拆卸

收音机相关零部件名称及位置如图 9-14 所示。

收音机拆卸的步骤如下:

(1)拆卸仪表板左下装饰板。

(2)拆卸仪表板右下装饰板。如图 9-15 所示,脱开 3 个卡爪和卡子,并拆下仪表板右下装饰板。

图 9-14　收音机相关零部件位置

图 9-15　拆卸仪表板右下装饰板

（3）拆卸仪表板左端装饰板。

（4）拆卸仪表板右端装饰板。如图9-16所示，粘贴保护性胶带。如图9-17所示，插入拆卸工具并向卡子滑动拆卸工具，用双手拉动拆卸工具将卡子脱开。如图9-18所示，脱开2个卡爪和卡子，拆下仪表板右端装饰板。

图9-16 粘贴保护性胶带　　　　图9-17 拆卸工具使用

（5）拆卸中央仪表板调风器总成。如图9-19所示，脱开2个卡爪、4个卡子和2个导销，断开连接器，拆下中央仪表板调风器总成。

图9-18 拆卸仪表板右端装饰板　图9-19 拆卸中央仪表板调风器总成

（6）拆卸带支架的收音机。如图9-20所示，拆下4个螺栓。如图9-21所示，将带支架的收音机向车后方向拉，脱开4个卡子。断开各个连接器并拆下带支架的收音机。

图9-20 拆下收音机支架固定螺栓   图9-21 拆下带支架的收音机

（7）如图9-22所示，拆卸2号收音机支架。拆下4个螺钉和2号收音机支架。

（8）如图9-23所示，拆卸1号收音机支架。拆下4个螺钉和1号收音机支架。

图9-22 拆下2号收音机支架   图9-23 拆下1号收音机支架

（9）拆卸收音机总成。

2.收音机的安装

（1）安装收音机总成。

（2）安装1号收音机支架。用4个螺钉安装1号收音机支架。

（3）安装2号收音机支架。用4个螺钉安装2号收音机支架。

（4）安装带支架的收音机。连接每个连接器，接合4个卡子，用4个螺栓安装带支架的收音机。

（5）安装中央仪表板调风器总成。连接连接器，接合2个导销、2个卡爪和4个卡子，并安装中央仪表板调风器总成。

（6）安装仪表板左端装饰板。接合 2 个卡爪和 2 个卡子,并安装仪表板左端装饰板。

（7）安装仪表板右端装饰板。接合 2 个卡爪和 2 个卡子,并安装仪表板右端装饰板。

（8）安装仪表板左下装饰板。接合 3 个卡爪和卡子,并安装仪表板左下饰板。

（9）安装仪表板右下装饰板。接合 3 个卡爪和卡子,并安装仪表板右下装饰板。

三、前门扬声器的拆装

1. 前门扬声器的拆卸

前门扬声器的相关零部件名称及位置如图 9-24 所示。

图 9-24　前门扬声器零部件位置

前门扬声器拆卸的步骤如下：

（1）拆卸前门内把手框。如图 9-25 所示，使用头部缠有保护胶带的螺丝刀脱开 3 个卡爪并拆下前门内把手框。

（2）拆卸前扶手座上板。如图 9-26 所示，使用头部缠有保护胶带的螺丝刀脱开 2 个卡子和 6 个卡爪，拆下前扶手座上板，断开连接器。

图 9-25　拆卸前门内把手框

图 9-26　拆卸前扶手座上板

（3）拆卸门控灯总成（带门控灯）。如图 9-27 所示，使用头部缠有保护胶带的螺丝刀脱开卡爪并拆下门控灯总成。断开连接器。

（4）拆卸前门装饰板分总成。如图 9-28 所示，使用头部缠有保护胶带的螺丝刀脱开卡爪并断开车门扶手盖。如图 9-29 所示，拆下 2 个螺钉。如图 9-30 所示，使用卡子拆卸工具，脱开 9 个卡子。脱开 5 个卡爪并从前门车窗玻璃内密封条上分开前门装饰板分总成。如图 9-31 所示，脱开 2 个卡爪，并断开前门内把手分总成。

图 9-27　拆卸门控灯总成

图 9-28　断开车门扶手盖

图 9-29　拆下前门装饰板固定螺钉　　图 9-30　分开前门装饰板分总成

（5）拆卸前门 1 号扬声器总成。如图 9-32 所示，断开连接器，用一个直径小于 4mm 的钻头，钻下 3 个铆钉头并拆下前门 1 号扬声器总成。继续钻孔并推出残留的铆钉碎片。使用真空吸尘器，从车门内清除铆钉碎片和切屑。

图 9-31　拆卸前门装饰板分总成　　图 9-32　拆卸前门 1 号扬声器总成

小提示：拆下时不要触摸扬声器的音盆部分。钻铆钉时不要有角度，因为这样会损坏钻头和钻孔。钻下铆钉头时要小心，因为铆钉切口会很热。

（6）拆卸前门下门框支架装饰条。如图 9-33 所示，脱开卡子和卡夹，并拆下前门下门框支架装饰条。断开连接器。

（7）拆卸前门 2 号扬声器总成。如图 9-34 所示，脱开了 3 个卡爪并拆下前门 2 号扬声器总成。

2. 前扬声器的安装

（1）安装前门 2 号扬声器总成。接合 3 个卡爪并安装前门 2 号扬声器总成。

（2）安装前门下门框支架装饰条。

（3）安装前门 1 号扬声器总成。如图 9-35 所示，使用气动铆钉机或手动铆钉机,用3个新铆钉安装前门1号扬声器总成。如图9-36所示,连接扬声器连接器。

图9-33　拆卸前门下门框支架装饰条　　图9-34　拆卸前门2号扬声器总成

图9-35　用铆钉机安装新铆钉

小提示:请勿用铆钉机撬动铆钉,因为这会损坏铆钉机和心轴。检查并确认铆钉已正确安装到防护条上面。在将铆钉安装到防护条上时,不要倾斜铆钉机。在铆钉头和防护条之间不要留有任何空隙。在防护条和门框之间不要留有任何空隙。安装铆钉时,应将这2个部件牢固地固定在一起。

图9-36　连接扬声器连接器

小提示:如果无法切除铆钉,则向外拔一下铆钉后再切除。

（4）安装前门装饰板分总成。

（5）安装门控灯总成（带门控灯）。

（6）安装前扶手座上板。

（7）安装前门内把手框。

四、评价与反馈

（1）对学习任务进行评价,学习任务评分表见表9-1。

学习任务评分表　　　　　　　表9-1

考核项目	评分标准	分数	学生自评	小组互评	教师评价	小计
团队合作	是否和谐	5				
活动参与	是否积极主动	5				
安全生产	有无安全隐患	10				
现场5S	是否做到	10				
任务方案	是否正确、合理	15				
操作过程	汽车音响系统各部件的识别;拆装收音机;拆装前扬声器;拆装后杂物箱扬声器	30				
任务完成情况	是否圆满完成	5				
工具和设备使用	是否规范、标准	10				
劳动纪律	是否能严格遵守	5				
工单填写	是否完整、规范	5				
总分		100				
教师签写:			年　月　日		得分	

（2）能否指导顾客正确使用汽车音响?

项目十　电喇叭的线路连接

📚 **学习目标**

完成本项目的学习后,你应能:

1. 叙述汽车电喇叭的作用;
2. 知道电喇叭的种类与结构;
3. 分析电喇叭的工作原理;
4. 正确地连接电喇叭线路;
5. 规范地完成电喇叭的拆卸与安装。

🔘 **建议课时**

6课时。

课 题 一　电喇叭的结构与工作原理

一、喇叭的作用与分类

汽车上都装有喇叭,喇叭是汽车上的一种安全部件,用来警告路上行人和其他车辆,以引起注意,保证行车安全。

喇叭按发音动力不同,分为气喇叭和电喇叭两类;按外形不同,分为筒形、盆形、螺旋形三类,如图10-1所示;按声频不同,分为高音和低音两种;按有无触点,分为触点式和电子式两种。

电喇叭通过电磁作用推动金属膜片振动产生声音。这类喇叭便于调节音调,声音也较悦耳,广泛运用于汽车、拖拉机与摩托车中。中小型汽车多使用体积小、质量轻、噪声低、指向性强的盆形喇叭。

a)筒形　　　b)盆形　　　c)螺旋形

图 10-1　喇叭外形图

气喇叭通过气流推动金属膜片发出声音,外形大多呈筒形,多用于气制动的大型车辆上。其特点是声响高、指向性强、声音传播距离远,缺点是音质差、体积大。

电子式喇叭通过电子音频放大电路推动扬声器发声,最大特点是声强、声调调整更加方便,音质也好。由于没有触点,不仅故障率低,使用寿命也长。

小提示:汽车该用哪种喇叭,国家没有具体规定,由生产厂家自己决定。《机动车运行安全技术条件》(GB 7258—2017)中规定:汽车应设置具有连续发声功能的喇叭,喇叭声级在距车前 2m、离地高 1.2m 处测量时为 90～115dB(A)。乘用车、专用校车喇叭在车钥匙取下及车门锁止时在车内应仍能正常使用,但对任何情况下所有供乘员上、下车的车门均能从车内打开(乘用车车门安装的儿童锁锁止时除外),或安装有自动探测报警装置、在车钥匙取下及车门锁止时能自动探测车内是否有移动物体且在发现移动物体时能发出明显警示信号的乘用车、专用校车,应视为满足要求。教练车(三轮汽车除外)还应设置辅助喇叭开关,其工作应可靠。

二、汽车电喇叭的结构及工作原理

1. 筒形、螺旋形电喇叭

筒形、螺旋形电喇叭的构造如图 10-2 所示。其主要机件有山形铁芯、励磁线圈、衔铁、膜片、共鸣板、扬声筒、触点以及电容器等。膜片和共鸣板借中心杆与衔铁、调整螺母、锁紧螺母连成一体,通过线圈的通断使得膜片不断振动,从而发出一定音调的音波由扬声筒加强后传出。

2. 盆形电喇叭

盆形电喇叭工作原理与筒形、螺旋形电喇叭相同,都是通过控制线圈的开闭使得

电喇叭分类

膜片振动引起共鸣板共鸣来发声的。只不过盆形电喇叭的发声效果更好些,在没有扬声筒的情况下,仍能够发出较大的声响。盆形电喇叭结构图如图10-3所示。

图10-2 筒形、螺旋形电喇叭结构图

图10-3 盆形电喇叭结构图

3. 电子电喇叭

电子电喇叭用晶体三极管取代触点,避免了触点烧蚀等故障的产生,使得电喇叭的工作性能更为可靠。

三、喇叭继电器

为了能发出更加悦耳的声音,汽车上常装有两个不同音调(高音、低音)的喇叭。其中,高音喇叭膜片厚、扬声筒短,低音喇叭则相反。有时甚至用三个(高音、中音、低音)不同音调的喇叭。装配单只喇叭时,喇叭电流是直接由按钮控制的,按钮大多装在转向盘的中心。当汽车装配双喇叭时,由于消耗电流较大(15~20A),用按钮直接控制时,按钮容易烧坏。为了克服此缺点,一般可采用喇叭继电器。喇叭继电器结构图如图10-4所示。

图10-4 喇叭继电器结构图

小提示:汽车上装配单只喇叭时,喇叭电流是直接由按钮控制的,不需要喇叭继电器。

四、电喇叭电路图

卡罗拉轿车电喇叭电路图如图10-5所示。喇叭开关位于转向盘装饰盖开关总成内,喇叭继电器集成在发动机舱左侧的1号接线盒内。按下喇叭开关,喇叭继电器线圈通电,喇叭继电器触点闭合,喇叭工作。

图 10-5　卡罗拉车电喇叭电路图

课 题 二 电喇叭的线路连接与拆装

一、作业前的准备

1. 工具、设备和材料的准备

(1)仪表板拆装工具、一字螺丝刀、十字螺丝刀。

(2)磁力护裙、转向盘护套、变速器操纵杆手柄套、脚垫和座位套。

(3)举升机。

(4)常规工具。

(5)卡罗拉轿车维修手册。

2. 作业前场地和车辆的准备

(1)汽车进入工位前,将工位清理干净,准备好相关的器材。

(2)将汽车停驻在举升机中央位置。

(3)拉紧驻车制动器操纵杆,并将变速器操纵杆置于空挡(N 挡)或驻车挡(P 挡)位置。

(4)套上转向盘护套、变速器操纵杆手柄套和座位套,铺设脚垫。

(5)在车内拉动发动机舱盖手柄,在车外打开并支撑发动机舱盖。

(6)粘贴翼子板和前脸磁力护裙。

二、电喇叭的线路连接

下面以卡罗拉轿车为例,说明电喇叭线路的连接情况。

根据图 10-5 以及卡罗拉轿车维修手册(电路图),找出喇叭、熔断器、喇叭继电器及各个相关连接器的位置,如图 10-6 所示。喇叭熔断器在发动机 1 号继电器盒内,发动机 1 号继电器盒位于发动机舱盖下发动机右侧,如图 10-7 所示。喇叭继电器为集成继电器,集成在发动机 1 号继电器盒内。喇叭开关位于转向盘装饰盖内。

1A 线束连接器位于发动机 1 号接线盒内,2B 和 2E 线束连接器位于驾驶室前围左侧的仪表板接线盒内。4A 和 4C 线束连接器位于仪表板右侧支架上的 4 号接线盒内,如图 10-8 所示。

低音喇叭

高音喇叭

发动机舱继电器盒和接线盒
－HORN熔断丝
－集成继电器(喇叭继电器)

螺旋电缆

转向盘装饰盖(喇叭开关)

主车身ECU(仪表板接线盒)

图 10-6　卡罗拉轿车喇叭系统组成图

喇叭熔断器(10A)

图 10-7　喇叭熔断器的位置

211

(自仪表板线束)

(自仪表板线束)

(自仪表板线束)

图 10-8　4 号接线盒端子

三、电喇叭的拆卸与安装

1.电喇叭的拆卸

(1)打开发动机舱盖。

(2)断开蓄电池负极电缆,如图 10-9 所示。

小提示: 断开并重新连接蓄电池负极电缆后,驻车辅助监视系统需要初始化。

(3)拆卸散热器上空气导流板。

(4)拆卸散热器格栅防护罩。如图 10-10 所示,拆下 2 个散热器格栅防护罩。

(5)拆卸前保险杠总成。如图 10-11、图 10-12 所示,使用螺丝刀,将销转动 90°并拆下销固定卡子及卡子。如图 10-13 所示,沿前保险杠总成四周粘贴保护性胶带,拆下 6 个螺钉、2 个螺栓和 3 个卡子。如图 10-14 所示,脱开 6 个卡爪并拆下前保险杠总成。带雾灯或侦测声呐系统时须断开连接器。

小提示: 右侧卡子与左侧程序拆卸相同。

图 10-9 断开蓄电池负极电缆

图10-10 拆卸散热器格栅防护罩

图 10-11 拆卸前保险杠总成第 1 步

图 10-12 拆卸前保险杠总成第 2 步

保护性胶带

图 10-13 拆卸前保险杠总成第 3 步

图 10-14 拆卸前保险杠总成第 4 步

(6)拆卸低音喇叭总成。如图 10-15 所示,断开连接器,拆下螺栓和低音喇叭总成。

小提示:如汽车带有前照灯清洗器系统,拆卸低音喇叭总成时应先排空清洗液。

(7)拆卸高音喇叭总成。如图 10-16 所示,断开连接器,拆下螺栓和高音喇叭总成。

图 10-15　拆卸低音喇叭总成　　　　图 10-16　拆卸高音喇叭总成

2. 电喇叭的安装

(1)安装喇叭总成。用螺栓安装低音喇叭总成、高音喇叭总成,连接连接器。

小提示:高音喇叭和低音喇叭的拧紧力矩均为 20N·m。

(2)向清洗液罐中加满清洗液(带前照灯清洗器系统)。

(3)安装前保险杠总成。如图 10-17 所示,断开雾灯连接器(带雾灯或侦测声呐系统),接合 6 个卡爪并安装前保险杠总成。如图 10-18 所示,安装 6 个螺钉、3 个卡子和 2 个螺栓。如图 10-19 所示,安装销固定卡夹。如图 10-20 所示,安装卡子。

图 10-17　安装前保险杠总成　　　　图 10-18　安装前保险杠总成螺钉

小提示:右侧安装与左侧程序相同,右侧卡子安装程序与左侧相同。

(4)安装散热器格栅防护罩。如图 10-21 所示,安装 2 个散热器格栅防护罩。

(5)安装散热器上空气导流板。如图 10-22 所示,安装 6 个卡子和散热器上空气导流板。

图 10-19　安装销固定卡夹

图 10-20　安装卡子

图 10-21　安装散热器格栅防护罩

图 10-22　安装散热器上空气导流板

四、评价与反馈

（1）对学习任务进行评价，学习任务评分表见表 10-1。

学习任务评分表　　　　　　　　　表 10-1

考核项目	评分标准	分数	学生自评	小组互评	教师评价	小计
团队合作	是否和谐	5				
活动参与	是否积极主动	5				
安全生产	有无安全隐患	10				
现场5S	是否做到	10				
任务方案	是否正确、合理	15				
操作过程	电喇叭电路各部件的查找与连接；拆卸高音、低音喇叭；安装高音、低音喇叭	30				

续上表

考核项目	评分标准	分数	学生自评	小组互评	教师评价	小计
任务完成情况	是否圆满完成	5				
工具和设备使用	是否规范、标准	10				
劳动纪律	是否能严格遵守	5				
工单填写	是否完整、规范	5				
总分		100				
教师签写:			年　月　日		得分	

(2)能否向顾客提出正确使用喇叭的建议?

项目十一　电动刮水器的结构与拆装

📚 学习目标

完成本项目的学习后,你应能:
1. 知道各种常见通用维修工具的使用及注意事项;
2. 知道汽车电动刮水器的基本结构与工作原理;
3. 正确操作电动刮水器的拆装过程。

🕐 建议课时

6 课时。

课 题 一　电动刮水器的结构与工作原理

为了提高汽车在雨天和雪天行驶时驾驶人的能见度,汽车上专门设置了风窗玻璃刮水器,作用是刮除风窗玻璃上的雨水、雪花及污物,确保驾驶人有良好的视野。目前,刮水器有真空式、气动式和电动式三种。气动式只适用于有压缩空气气源的汽车,电动刮水器由于动力大、容易控制而在汽车上广泛使用。

一、电动刮水器的结构

刮水器安装在风窗玻璃下部,在汽车的风窗玻璃上部装有两个刮水片,刮水臂摆动角度一般在110°以上,刮臂运动方式为平行式或对向式。其特点是结构简单,容易控制,有多种工作速度可供选择。

电动刮水器一般由刮水电动机、传动机构、刮水片三大部分组成。其控制电路还包括刮水器开关、间歇继电器等附件。其中,风窗玻璃刮水器由微型直流电机驱动,通过联动机构使风窗玻璃外表面上的刮水片来回摆动,从而清除风窗玻璃上的雨雪或污物。一般轿车的电动刮水器安装在车辆前风窗玻璃前端,其结构如图 11-1 所示。永磁式直流电动机固装在车辆支架上,拉杆、摆杆、连杆组成杠杆联动机构,摆杆上连接有刮片架,刮片架的上端连接橡胶刮片。电动机的旋转运动由轴端的蜗杆传给蜗轮并转换为往复运动,蜗轮上的偏心销与连杆铰接。蜗轮运动时,通过连杆带动摆杆摆动,风窗玻璃上的刮水片便在刮片架的带动下摆动刮水。

图 11-1 刮水器的结构

刮水电动机现多为永磁式电动机。它的磁极为铁氧体永久磁铁,铁氧体具有陶瓷的脆性、硬性和不耐冲击的特点,但它不易退磁且价廉,所以在汽车上得到广泛使用。永磁式双速刮水电动机结构图如图 11-2 所示。

永磁式三刷电动机是利用三个电刷改变正负电刷之间串联的线圈数实现变速的,其变速原理如图 11-3 所示。当开关拨向"L"时,电源电压 U 加在 B_1 和 B_3 之间,有线圈①⑥⑤和线圈②③④两条支路,各三个线圈。这三个线圈产生的全部反电势与电源电压平衡后,电动机便稳定旋转。由于有三个线圈串联的反电动势与电源电压 U 平衡,故转速较低。当开关拨向"H"时,电源电压 U 加在 B_2 和 B_3 之间,有线圈②①⑥⑤和线圈③④两条支路串联,其中线圈②与线圈①⑥⑤的反电势相反,互相抵消后,变为只用两个线圈的反电动势与电源电压 U 平衡,因而只有转速升高使反电动势增大,才能得到新的平衡,故转速较高。

图 11-2　永磁式双速刮水电动机结构图

1-平垫圈;2-O 形圈;3-减速器壳;4-弹簧;5-复位开关顶杆;6-输出齿轮和轴;7-惰轮和蜗轮;8-减速器盖;9-放在凸轮表面的部分;10 复位开关的定位板;11-长螺钉;12-电动机外壳和磁铁总成;13-电枢;14-三个电刷的安装位置和复位开关总成;15-复位开关顶杆及其与开关联动的销子;16-弹簧垫圈;17-输出臂

图 11-3　永磁式三刷电动机变速原理

　　另外,为了不影响驾驶人的视线,要求刮水器片自动复位,即不管在什么时候切断电源,刮水器片都能自动停止在风窗玻璃的下部。电动双速刮水器自动复位装置示意图如图 11-4 所示。

　　在减速蜗轮 8 上嵌有铜环,其中较大的一片(铜环 9)与电机外壳相连而搭铁,触点臂 3、5 用磷铜片制成,其中外触点臂只能断续地与短铜环 4 接触,内触点臂位于长铜环的半径处,运动过程中分别与长短铜环接触。

　　具有自动复位功能的永磁式双速刮水电动机的基本控制电路如下:

（1）接通电源总开关，当刮水变速开关置"Ⅰ"挡时，其电路为蓄电池"＋"→总开关→熔断器→电刷→电枢→电刷"L"→变速开关"Ⅰ"→搭铁。此时，电动机低速运转。

（2）当变速开关置于"Ⅱ"挡时，其电路为蓄电池"＋"→总开关→熔断器→电刷→电枢→电刷"H"→变速开关"Ⅱ"→搭铁，电动机高速运转。

当刮水器开关推到"0"位时，若刮水片尚未达到停放位置，其内触片与长滑片接触，触片处于开路状态，其电路为蓄电池"＋"→总开关→熔断器→电刷→电枢→电刷"L"→刮水器开关"0"挡→内触片→长滑片→搭铁→蓄电池"－"。此时刮水器低速运转，当摇臂摆到停止位置时，内外触片都与短滑片接触，电动机被短路而停转。与此同时，电枢由于惯性而产生感生电流及制动力矩，刮水器处于复位状态。

图 11-4　电动双速刮水器自动复位装置示意图

1-电源开关；2-熔断丝；3、5-触点臂；4、6-触点；7、9-铜环；8-减速蜗轮；10-电枢；11-永久磁铁

二、雨量自动感应式刮水器

下面以凯越1.8L轿车为例进行介绍。凯越1.8L轿车的刮水器除了可手动操纵高、低速外，还有一个特殊功能，即只要将操作开关放在"AUTO"挡，就会自动开启刮水器，并根据雨量的大小来控制刮水器的速度。

1. 系统构成

该系统由组合式刮水器开关、刮水器电动机控制模块、雨量传感器、喷水电动机和线束构成。

2. 雨量传感器工作原理

雨量传感器安装在前风窗玻璃上，靠近内视镜，该传感器在"AUTO"挡时会发射出一束红外线，并以45°的角度投射到前风窗玻璃上。假如玻璃是干燥的，

反射回到传感器的红外线就会较多;如果玻璃上有水,其发射的红外线就会被散射到其他地方。反射回到传感器的光线越少,说明雨水量越大,此时该传感器会根据反射光线的多少来自动控制刮水器的速度。

3. 自动控制电路分析

雨量传感器电路图如图 11-5 所示。

图 11-5　雨量传感器电路图

(1)当刮水器开关位于手动高速挡时,电流路径为:电源→刮水器组合开关 A8→高→A9→刮水器发动机控制模块 5 号脚→刮水器发动机高速运转脚→刮水器发动机→刮水器发动机控制模块 3 号脚→搭铁 G33,刮水器发动机高速运转。

(2)当刮水器开关位于手动低速挡时,电流路径为:电源→刮水器组合开关 A8→低→A5→刮水器发动机控制模块 1 号脚→B 继电器触点 3→B 继电器触点 2→刮水器发动机低速运转脚→刮水器发动机→刮水器发动机控制模块 3 号脚→搭铁 G303,刮水器发动机低速运转。

（3）当刮水器开关位于自动挡时,电流路径为:电源→刮水器组合开关 A8→A7→B1→刮水器传感器开关→B2→雨量传感器 5 号脚(该脚在最灵敏时为 12V 电压,在最不灵敏时为 6V 电压,是一个输入信号)。刮水器发动机控制模块相当于两个控制继电器,为了便于说明电路,在此设为"A"和"B"两个继电器,A 继电器未工作时,1、3 接通;B 继电器未工作时,2、3 接通。

①当雨量传感器感知雨量不大时,雨水传感器 1 号脚搭铁,此时发动机控制模块内的继电器 A 工作,使触点 2、3 接通,刮水器低速运转,电流路径为:电源→刮水器发动机控制模块 8 号脚→A 继电器触点 2→A 继电器触点 3→刮水器发动机控制模块 2 号脚→A6→A5→刮水器发动机控制模块 1 号脚→B 继电器触点 3→B 继电器触点 2→刮水器发动机→搭铁 G303,使刮水器低速运转。

②当雨量传感器感知雨量大时,控制传感器 1 号和 2 号脚搭铁,使继电器 A、B 同时工作。此时发动机控制模块内的继电器 A 工作,使触点 2、3 接通,继电器 B 工作,使触点 1、3 接通,刮水器高速运转,电流路径为:电源→刮水器发动机控制模块 8 号脚→A 继电器触点 2→A 继电器触点 3→刮水器马达控制模块 2 号脚→A6→A5→刮水器发动机控制模块 1 号脚→B 继电器触点 3→B 继电器触点 1→刮水器发动机→搭铁 G303,使刮水器高速运转。

③当喷水开关打开时,有 12V 的电压输入到雨量传感器 6 号脚,此时喷水发动机开始喷水,同时控制 1 号脚或 1 号和 2 号脚搭铁,使刮水器运转。

④当雨量传感器 1 号脚间歇控制搭铁时,刮水器发动机低速间歇运转。

（4）当刮水器开关位于关闭挡时,若刮水器臂没有到达最低位置,刮水器发动机带动复位开关触点 2 和触点 3 接通,使发动机继续运转,回到最低位置,电流路径为:电源→刮水器发动机控制模块 8 号脚→复位开关触点 2→复位开关触点 3→A 继电器触点 1→A 继电器触点 3→刮水器发动机控制模块 2 号脚→A6→A5→刮水器发动机控制模块 1 号脚→B 继电器触点 3→B 继电器触点 2→刮水器发动机→搭铁 G303,使刮水器发动机运转。

（5）如果刮水器连续工作 60s 以上,此信号也会提供给自动空调控制模块,空调在"AUTO"挡时,可自动除去前风窗玻璃上的雾。

（6）雨量传感器中的 7 号脚是由刮水器复位开关提供的一个 0～12V 的方波信号,用来检测刮水器的速度。

三、风窗玻璃洗涤器

风窗玻璃洗涤器一般由洗涤液罐、电动泵、水管和喷嘴等组成,如图 11-6 所示。其中,电动泵由永磁式微型电动机离心式叶片水泵组成,水泵的叶片转子固定在水泵轴上,水泵轴用联轴节与清洗器电动机轴连接。出水软管用胶管分别与安装在风窗玻璃下面的四个喷嘴连接,其喷嘴的方向可以调节,使水喷射到风窗的合适位置。电动泵连续工作时间一般不超过1min,且应先开动电动泵,后开动刮水器。在喷水停止后,刮水器应继续刮3~5次,这样配合使用才能达到良好的洗涤效果。所以,洗涤器的电路一般都是与刮水器开关联合工作的。

图 11-6　风窗玻璃洗涤器

1-喷嘴;2-输液管;3-接头;4-箱盖;5-储液罐;6-电动泵;7-衬垫

电动机通电运转时,便将储液罐内的洗涤剂泵入出水软管,并经风窗玻璃前端的喷嘴喷向风窗玻璃。与此同时,刮水器同步工作,刮水片同时摆动,从而刮除风窗玻璃上的脏物。

课题二　电动刮水器的线路连接与拆装

一、作业前的准备

1. 工具、设备和材料的准备

(1)套筒扳手、一字螺丝刀、十字螺丝刀、绝缘胶布。

（2）磁力护裙、转向盘护套、变速器操纵杆手柄套、脚垫和座位套。

（3）举升机。

（4）风窗玻璃电动刮水器。

（5）卡罗拉轿车维修手册。

2. 作业前场地和车辆的准备

（1）汽车进入工位前，将工位清理干净，准备好相关的器材。

（2）将汽车停驻在举升机中央位置。

（3）拉紧驻车制动器操纵杆，并将变速器操纵杆置于空挡（N 挡）或驻车挡（P 挡）位置。

（4）套上转向盘护套、变速器操纵杆手柄套和座位套，铺设脚垫。

（5）粘贴翼子板和前脸磁力护裙。

二、电动刮水器电路的连接

下面以丰田卡罗拉轿车为例，说明电动刮水器的电路连接情况。其电动刮水器控制部件在实车上的位置如图 11-7 所示，电动刮水器控制电路图如图 11-8 所示。

刮水器开关

前照灯清洗器开关

仪表板接线盒
- 主车身 ECU
- AM1 熔断丝
- WIPER 熔断丝
- ECU-IG NO.1熔断丝
- WASHER 熔断丝
- IG1 继电器

图 11-7 丰田卡罗拉轿车电动刮水器控制部件位置

图 11-8　丰田卡罗拉轿车电动刮水器控制电路图

（1）车辆点火开关置接通/运行位置,电流流经位于驾驶室仪表板内侧仪表板接线盒中的 IG1 继电器(参见图 8-20)。

（2）正常工作时,电流将流经相关熔断丝,如清洗器熔断丝(WASHER 熔断丝)、刮水器熔断丝(WIPER 熔断丝),位置如图 11-9 所示。

（3）电流经过刮水器开关,此开关为刮水器与清洗器组合式开关,具有"MIST""OFF""INT""LO""HI"五个挡,如图 11-10 所示。

（4）在"MIST""OFF""INT""LO""HI"不同的挡位下,电流经过刮水器电动机接线端子驱动电机旋转,具体端子连接情况如图 11-11 所示。

METER		AM1	
7.5A		7.5A	
IGN		FR FOG	
7.5A		15A	
RR FOG			
7.5A			
		ACC−B	
		25A	
		DOOR	
MIR HTR		25A	
10A			
		STOP	
ACC		10A	
7.5A		OBD	
CIG		7.5A	
15A		ECU−IG NO.2	
SUNROOF		10A	
20A		ECU−IG NO.1	
RR DOOR		10A	
20A		WASHER	
RL DOOR		15A	
20A			
FR DOOR		WIPER	
20A		25A	
		HTR−IG	
PANEL		10A	
7.5A			
TAIL			
10A			

图 11-9　汽车仪表板接线盒

图 11-10　刮水器组合开关

图 11-11　刮水器电动机及接线端子

三、刮水器电动机的更换

下面以丰田卡罗拉轿车为例，说明刮水器电动机及其摆杆机构的拆装过程。

（1）用一字螺丝刀翘起并拆下前刮水器臂 2 个端盖，如图 11-12 所示。

（2）用套筒扳手拆下相应两个紧固螺母，如图 11-13 所示，然后分别拿下左右两个前刮水器臂和刮水片总成。

图 11-12　拆卸前刮水器臂
2 个端盖

图 11-13　拆卸前刮水器臂
2 个紧固螺钉

（3）在车内拉动发动机舱盖手柄，在车外打开并支撑发动机舱盖。

（4）用一字螺丝刀翘起并脱开 7 个卡子并拆下发动机舱盖至前围上板密封，如图 11-14 所示。

（5）用一字螺丝刀、十字螺丝刀翘起并用手按压脱开卡子和 14 个卡爪，并拆下右前围板上通风栅板，如图 11-15 所示。

图 11-14　拆卸发动机舱盖至前　　　　图 11-15　拆卸右前围板上通风栅板
　　　　　　　围上板密封

(6)用螺丝刀翘起并用手按压脱开卡子和 8 个卡爪,并拆下左前围板上通风栅板,如图 11-16 所示。

图 11-16　拆卸左前围板上通风栅板

(7)用手指按压,脱开刮水器电动机线束连接器(图 11-17 中箭头 1 所指示的位置),并用套筒扳手拆卸风窗玻璃刮水器电动机及连杆总成(图 11-17 中箭头 2、3 指示的位置为紧固螺母,按照箭头 4 指示的方向拆卸下刮水器电动机及连杆总成)。

（8）用头部缠有胶带的螺丝刀从风窗玻璃刮水器电动机总成的曲柄臂枢轴上断开风窗玻璃刮水器连杆,如图11-18所示。

图11-17　拆卸风窗玻璃刮水器电动机及连杆总成

图11-18　拆卸风窗玻璃刮水器连杆

（9）在风窗玻璃刮水器电动机总成线束上拆下绝缘胶布,以便断开连接器,如图11-19所示。

（10）断开连接器后拆下3颗螺栓和风窗玻璃刮水器电动机总成,如图11-20所示。

图11-19　去除风窗玻璃刮水器电动机总成线束上绝缘胶布

图11-20　拆卸风窗玻璃刮水器电动机总成

小提示:如果不能从风窗玻璃刮水器连杆总成上拆下风窗玻璃刮水器电动机总成,则转动曲柄臂,以便能拆下风窗玻璃刮水器电动机总成。

（11）将完好的刮水器总成安装好固定螺栓,连接上连接器并紧固3颗螺栓,以固定风窗玻璃刮水器电动机总成。

（12）将风窗玻璃刮水电机总成线束上缠绕绝缘胶布。

（13）将风窗玻璃刮水器连杆与风窗玻璃刮水器电动机总成的曲柄臂枢轴连接。

（14）用套筒扳手紧固风窗玻璃刮水器电动机及连杆总成,连接刮水器电动机线束连接器。

（15）安装左前围板上通风栅板,安装卡子和 8 个卡爪。

（16）安装右前围板上通风栅板,安装卡子和 14 个卡爪。

（17）安装发动机舱盖至前围上板密封,并安装 7 个卡子。

（18）在车外关闭发动机舱盖。

（19）安装左、右两个前刮水器臂和刮水片总成并用套筒扳手紧固相应 2 个紧固螺母。

（20）最后,安装前刮水器臂 2 个端盖。

四、评价与反馈

（1）对学习任务进行评价,学习任务评分表见表 11-1。

学习任务评分表　　　　　　　　　　表 11-1

考核项目	评分标准	分数	学生自评	小组互评	教师评价	小计
团队合作	是否和谐	5				
活动参与	是否积极主动	5				
安全生产	有无安全隐患	10				
现场 5S	是否做到	10				
任务方案	是否正确、合理	15				
操作过程	前刮水器电路各部件的查找与连接;拆卸前刮水器电动机;安装前刮水器电动机及其总成	30				
任务完成情况	是否圆满完成	5				
工具和设备使用	是否规范、标准	10				
劳动纪律	是否能严格遵守	5				
工单填写	是否完整、规范	5				
总分		100				
教师签写:			年　月　日		得分	

（2）能否向顾客提出正确使用汽车前风窗玻璃刮水器的建议？

📖学习拓展——更换前刮水器刮水片总成

由于刮水器刮水片为橡胶材料，容易老化变质，因此，刮水器刮水片的更换是维护工作中较为常见的工作，下面以卡罗拉轿车前刮水片的更换为例，介绍此项工作的操作过程。

（1）抬起前刮水器刮臂，以方便后续的操作。

（2）如图 11-21 所示，脱开刮水片与刮水臂连接处保护盖，并用头部缠有胶带的螺丝刀翘起刮水片固定架，即可取下刮水片总成。

图 11-21　拆卸刮水片总成

（3）脱开新的刮水片与刮水臂连接处保护盖，将刮水片总成与刮水臂连接，如图 11-22 所示。

（4）卡紧前刮水器刮水片的固定架并盖好新的刮水片与刮水臂连接处保护盖。另一只刮水片总成可以按照此方法继续更换。

小提示：拆下前刮水器刮水片后，不要弯曲前刮水器臂，因为刮水器臂的端部可能损坏风窗玻璃表面。

图 11-22　更换刮水片总成

前刮水器臂　固定架　前刮水器刮水片

项目十二 电动门锁的结构与拆装

课题一 电动门锁的结构与工作原理

门锁是锁止车门的机构,是保证汽车行驶安全的一项重要措施。对门锁的一般要求是,门锁不仅能将车门可靠锁紧或打开,而且要求门锁在锁止位置时,操纵内外手柄均不能打开车门。为了提高汽车使用的安全性、方便性,现代轿车大多安装电动门锁。

一、电动门锁的功能

1. 中央控制

中央控制能对车门及行李舱锁进行集中控制。当驾驶人对驾驶人侧车门进行控制(锁门、开门)时,汽车所有的门锁及行李舱锁能同时实现相同的控制效果。

2.速度控制

当车速到达一定值时,各个车门能自动锁定,防止乘员误操作车内门把手而导致车门被打开。

3.单独控制

在除驾驶人侧车门外的三个门设置有单独的弹簧锁开关,中控门锁系统不工作时,乘客仍可使用各车门的机械锁扣来开关车门。

实践与体验:在实际轿车上对中控门锁的各种功能进行操作。

二、中控门锁的组成

目前,中控门锁的种类繁多,但主要是由门锁开关、门锁控制器及门锁执行机构等部件组成。

1.门锁开关

这里讲的门锁开关是指中央门锁开关,对中央控制电动门锁系统执行集中控制,开或关全部或单个车门。门锁的开关种类很多,常见的有机械式门锁开关和电子式门锁开关两种。机械式门锁开关通常采用键盘输入方式或拨盘输入方式,其操作方便、工作可靠,但因有机械触点,容易产生烧蚀,而需经常进行维护。电子式门锁开关又可分为触摸输入方式和遥控输入方式,其中遥控输入方式的联络信号可以是声、光、电、磁中的任何一种,这种门锁开关实际由电子指令发射器和指令接收器组成。近年来,还出现了生物特征式门锁开关,以车主的声、纹等人体特征作为指令输入,由计算机进行模式识别控制门锁,是当前智能化程度最高的指令输入方式。

2.门锁执行机构

门锁执行机构是在门锁控制电路的控制及驱动下,执行门锁的锁定及开启任务。门锁执行机构一般采用电磁或电动机驱动门锁锁扣做可逆移动,实现门锁的锁定及开启。

(1)电磁式门锁执行机构。如图 12-1 所示为电磁式门锁执行机构示意图,它有两个电磁线圈,一个是锁门线圈,另一个是开锁线圈。当锁门线圈通电时,衔铁带动连杆左移,即锁门;当开锁线圈通电时,衔铁带动连杆右移,即开锁。

电磁式门锁执行机构的优点是结构简单、内部摩擦力小、动作敏捷、操作方便;缺点是耗电量大、铁芯质量大且衔铁移动时有冲击声。

(2)电动机式门锁执行机构。如图 12-2 所示为电动机式门锁执行机构示意图,其由微型可逆直流电动机、齿轮齿条传动机构等组成。当电动机通电正转时,带动齿条连杆左移锁定,即锁门;当电动机通电反转时,带动齿条连杆右移开启,即开锁。

图 12-1　电磁式门锁执行机构示意图

1-锁门线圈;2-开锁线圈;3-衔铁;4-锁扣连接

图 12-2　电动机式门锁执行机构示意图

1-电动机;2-齿条;3-齿轮

电动机式门锁执行机构的优点是体积小、耗电少、动作迅速;不足之处是当门锁已经锁定或开启时,应及时切断电源,避免电动机长时间带电而烧毁。

（3）门锁控制器。不论是电磁式门锁执行机构,还是电动机式门锁执行机构,都是通过改变执行机构的通电电流方向来控制锁扣连杆左、右移动,实现门锁的锁定或开启,而上述功能是由门锁控制器来完成的,因而门锁执行器应具有控制执行机构通电电流方向的功能。同时,由于门锁执行机构长期带电,易损坏且要消耗较大的电能,为了保护电子元器件、节省电能,门锁控制器还应具有定时功能,即当锁扣连杆移到位、门锁已锁定或开启时,控制执行机构的通电电流应自动中断。

三、丰田卡罗拉轿车电动门锁的工作情况

丰田卡罗拉轿车电动门锁系统是带有遥控门锁控制系统,其主要组成如图 12-3 所示,其主要组成零部件的功能见表 12-1。此系统由主车身电脑控制各个总成。遥控门锁控制系统的作用是从远处锁止和解锁所有车门。该系统由手持式发射器控制,手持式发射器向车门控制接收器发送无线电波。主车身 ECU(仪表板接线盒)执行识别码识别处理并接合门锁控制,可以锁止/解锁所有车

门。操作请求信号将传至主车身 ECU,然后主车身 ECU 向每个门锁电动机发送这些请求信号,并对输入立即作出响应,从而锁止/解锁所有车门,其每个门门锁所在位置如图 12-4 所示。此外,使用机械钥匙操作驾驶人侧门锁,也可以向主车身 ECU 发送锁止/解锁车门的请求信号从而锁止/解锁所有车门。车门控制发射器(图 12-5)带有锁止和解锁开关。操作这些开关,可实现表 12-2 所列功能。

图 12-3　遥控电动门锁控制系统图

遥控门锁控制系统主要零件功能　　　　　表 12-1

主要零部件	功　　能
车门控制发射器	(1)有锁止和解锁开关; (2)向车门控制接收器发送弱无线电波(识别码和功能代码); (3)在发送过程中点亮指示灯(LED)
车门控制接收器	接收弱无线电波(识别码和功能代码),并将其作为代码数据输出到主车身 ECU
(1)前门门控灯开关; (2)后门门控灯开关; (3)行李舱门控灯开关	当车门打开时接通,当车门关闭时断开。将车门状态代码(打开或关闭)输出至主车身 ECU
解锁警告开关	检测钥匙是否插入点火锁芯中

主要零部件	功　　能
门锁位置开关	将各车门的门锁位置发送至主车身 ECU
主车身 ECU	响应来自车门控制接收器的代码数据和来自各个开关的信号,发送遥控门锁控制信号

图 12-4　电动门锁机构位置

图 12-5　车门控制发射器

遥控门锁控制系统的功能　　　　　　表 12-2

操　　作	功　　能
按下锁止开关锁止所有车门	所有车门锁止
按下解锁开关解锁所有车门	所有车门解锁
如果车门通过遥控门锁控制解锁后,在 30s 内没有车门打开,所有车门将自动再次锁止	自动锁止
(1)当通过遥控操作锁止车门时,危险报警闪光灯闪烁一次; (2)当通过遥控操作解锁车门时,危险报警闪光灯闪烁两次	应答
当所有车门锁止时,按下解锁开关导致车内照明灯随解锁操作同步亮起	上车照明
以下是进入自诊断模式的方式: (1)系统在诊断模式下时,如果车门控制接收器从车门控制发射器处接收到正常的无线电波,它使车内照明灯以对应各个开关功能的正常方式闪烁; (2)使用智能检测仪读取 DTC(诊断故障代码)	自诊断模式
能将 6 类发射的识别码注册到车门控制器包含的 EEP-ROM 中(写入和存储)	发射器识别码注册

车门控制接收器接收此无线电波后,将此信号发送给主车身 ECU,主车身 ECU 执行识别码识别处理,在认定为"合法"的情况下驱动电机执行锁止/解锁动作。

遥控发射器的工作范围因具体情况的不同而有所不同,具体有:

(1)因用户握住发射器的方式及位置的不同而不同。

(2)在某些区域,由于车身形状和周围环境的影响,工作范围将会减小。

(3)由于发射器使用弱信号电波,如果在发射器使用的区域内出现干扰信号或强信号电波,则工作范围将会减小或发射器可能不工作。

(4)电池电量低时,工作范围会减小,发射器也有可能不工作。

小提示:如果发射器处于阳光直射下(如仪表板上),会使电池电量变小,或会引发其他故障。

所谓"合法",是指遥控车门锁止/解锁的功能仅在以下 4 个条件都满足时,该遥控门锁控制功能才可工作：

(1)点火锁芯中无钥匙。

(2)所有车门均关闭。

(3)电动门锁系统工作正常。

(4)此功能没有因定制而被禁用。

即使在有任何车门打开的情况下，"解锁"功能仍可运行。

四、无钥匙进入及起动系统

无钥匙进入及起动系统(PEPS系统)并非取消了车钥匙，而是具有只要携带钥匙在身，不必使用钥匙就可以开闭车门及起动发动机的功能。下面以上汽通用的无钥匙进入及起动系统为例进行介绍。

1.系统的组成

PEPS系统主要由车身控制模块(BCM)、PEPS系统控制模块、带UID(User Identification Device,用户身份证明)的遥控钥匙、遥控接收器(RFA)、天线、车门开锁开关、车门上锁开关、门锁电机、备用天线等组成，如图12-6所示。天线共有6根，分别为前控制台天线、后控制台天线、行李舱内部天线、后保险杠天线、左侧车门天线和右侧车门天线。车门开锁开关共有4个，每个门把手上各有一个。车门上锁开关2个(前侧车门把手各一个)或4个(每个车门各有一个)。门锁电机共4个，每个车门各一个。

图12-6　PEPS系统的组成

2.系统的工作原理

(1)无钥匙开锁。

①驾驶人随身携带有效遥控钥匙靠近车辆左前门并拉动门把手，左前门把

手内的车门开锁开关闭合,向 PEPS 模块发送一个开启左前门的信号。

②PEPS 模块激活左侧车门天线发射信号搜寻遥控钥匙。如果遥控钥匙处于天线发射范围内(约为1m),遥控钥匙收到此信号后向外发送无线电信号。

③高频加密的无线电信号被 RFA 接收,RFA 将信号处理后通过 LIN(局域互联网络)数据线将钥匙信息发送给车身控制模块(BCM),BCM 判断该钥匙为有效钥匙后,就会驱动 4 个门锁电动机对车门进行开锁。

同理,当拉动车辆右前门把手时,虽然被激活的天线不同,但工作原理相同。

(2)无钥匙上锁。

当拿着有效的遥控钥匙下车并关闭所有车门后,只要遥控钥匙处于车门天线 1m 的范围内,PEPS 系统就能够允许驾驶人使用无钥匙上锁功能。此时,按下位于左侧或右侧车门把手上的上锁开关后,PEPS 模块开始激活左前侧或右前侧的车门天线,天线发射无线电信号激活遥控钥匙,然后遥控钥匙向 RFA 发送一个钥匙识别信息,RFA 将信号处理后通过 LIN 数据线将钥匙信息发送给 BCM,如果 BCM 判断该钥匙为合法有效钥匙,将会控制门锁电动机上锁。

在上锁时,如果备用遥控钥匙遗留在车内,则备用遥控钥匙将被 PEPS 模块临时停用,直至解除安全防盗系统。

(3)无钥匙起动。

当驾驶室内至少有一把有效的遥控钥匙时,若驾驶人踩住制动踏板并按动点火开关,则 PEPS 模块与 BCM 模块共同接收点火开关的起动信号。

(4)无钥匙开启行李舱。

无钥匙开启行李舱的功能与无钥匙开启车门的逻辑功能一样,只有有效的遥控钥匙在保险杠天线 1m 范围之内,才能操作行李舱开关打开行李舱。

(5)备用天线的使用。当遥控钥匙电池电量耗尽或不足,或者钥匙被强烈电磁波干扰后无法检测到遥控钥匙时,可以将遥控钥匙放入备用起动天线中,进而起动车辆。

五、指纹解锁装置

指纹解锁装置可以利用人的指纹开启门锁和起动车辆。指纹模块通常位于门把手上,如图 12-7 所示。北京现代第四代胜达上装有两个指纹模块,可以用来解锁汽车。其中在门把手上的指纹读取器用于解锁汽车,在车辆起动按键上的指纹读取器用于指纹录入和起动车辆,如图 12-8 所示。

指纹模块可以同时录入多个指纹信息。车辆会记录用户的驾驶习惯,自动匹配上指纹。当用户使用指纹起动车辆时,系统根据用户习惯自动调整包括座椅、后视镜、导航、手机互联等在内的车辆设备,满足用户个性化设定。胜达汽车采用类似手机指纹的电容式传感器,指纹识别容错率为1/50000,在指纹识别功能启用时,系统会进行自诊并判断符合性,安全性高于普通智能钥匙。

图 12-7 门把手指纹感应区

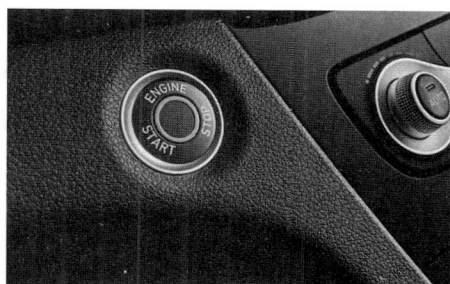

图 12-8 北京现代第四代胜达指纹模块

课题二 遥控电动门锁的线路连接及拆装

一、作业前的准备

1. 工具、设备和材料的准备

(1)世达工具(120套装)、"TORX"十字螺丝刀(T25)、"TORX"十字螺丝刀

（T30）、绝缘胶布。

（2）磁力护裙、转向盘护套、变速器操纵杆手柄套、脚垫和座位套。

（3）举升机。

（4）前门锁电机总成

（5）卡罗拉轿车维修手册。

2.作业前场地和车辆的准备

（1）汽车进入工位前,将工位清理干净,准备好相关的器材。

（2）将汽车停驻在举升机中央位置。

（3）拉紧驻车制动器操纵杆,并将变速器操纵杆置于空挡（N 挡）或驻车挡（P 挡）位置。

（4）套上转向盘护套、变速器操纵杆手柄套和座位套,铺设脚垫。

（5）粘贴翼子板和前脸磁力护裙。

二、电动门锁的线路连接

遥控电动门锁电路系统由主车身 ECU 控制（图 12-9）,此系统电路如图 12-10 所示。该系统由手持式发射器控制,手持式发射器向车门控制接收器发送无线电波。车门控制接收器接收此无线电波后,将此信号发送给主车身 ECU,主车身 ECU 执行识别码识别处理,在认定为"合法"的情况下驱动电机执行锁止/解锁动作。

主车身ECU(仪表板接线盒)
-ACC熔断丝
-ECU IG1号熔断丝

DLC3

组合仪表

图 12-9　主车身 ECU

E50(A).E51(B).E52(C)
主车身电脑

a)

图 12-10

b)

图 12-10

c)

图　12-10

E50(A),E61(D)
主车身电脑

图 12-10　遥控门锁控制系统

车门锁控制电路电源在点火开关打开时,IG1 继电器接通,使电流流经熔断丝、锁止电机等。熔断丝的位置参考本书图 8-20、图 11-8。

车门锁控制电路通过线束与主车身 ECU 相连,其端子线束连接如图 12-11 所示。

a)结束连接器前视图(至主车身ECU)　　b)线束连接器前视图
(至车门控制接收器)

图 12-11　主车身 ECU 端子与车门控制接收器端子线束连接

三、门锁的更换

下面以卡罗拉轿车前门门锁的更换为例,介绍门锁总成的更换步骤。

卡罗拉轿车左前门零部件位置图如图 12-12、图 12-13 所示。

更换门锁的步骤如下:

(1)从蓄电池负极端子断开电缆。

小提示:*断开蓄电池电缆后重新连接时,某些系统需要初始化。*

(2)使用头部缠有保护胶带的螺丝刀,脱开 3 个卡爪并拆下前门内把手框,参考本书图 9-25。

(3)参考本书图 9-26,使用头部缠有保护胶带的螺丝刀,脱开 2 个卡子和 6 个卡爪,拆下前扶手座上板,并断开连接器。

(4)如图 12-14 所示,使用十字螺丝刀拆下 3 个螺钉和电动车窗升降器主开关总成。

(5)如图 12-15 所示,使用头部缠有保护胶带的一字螺丝刀,脱开 2 个卡爪并拆下电动车窗升降器开关总成。

(6)参考本书图 9-27,使用头部缠有保护胶带的一字螺丝刀,脱开卡爪并拆下门控灯总成(如果有配置)。

(7)如图 12-16 所示,使用头部缠有保护胶带的一字螺丝刀,脱开卡爪并断开车门扶手盖并拆下 2 个螺钉。

(8)参考本书图 9-30,使用卡子拆卸工具,脱开 9 个卡子(图中圆圈所示位置),然后脱开 5 个卡爪(图中三角所示位置),并从前门车窗玻璃内密封条上分开前门装饰板分总成。

(9)参考本书图 9-31,脱开前门装饰板分总成时,其内部还需脱开 2 个卡爪,并断开前门内把手分总成。

(10)如图 12-17 所示,断开前门锁止遥控拉索和前门内侧锁止拉索,并拆下前门内把手分总成。

(11)参考本书图 9-33,脱开卡子和卡夹以拆下前门下门框支架装饰条并断开连接器。

图 12-12　卡罗拉轿车左前门零部件位置图 1

图 12-13　卡罗拉轿车左前门零部件位置图 2

注:方框中数据为规定扭矩,N·m。

图 12-14　拆卸电动车窗升降器
主开关总成

图 12-15　拆卸电动车窗升降器
开关总成

图 12-16　拆卸前门装饰板分总成之外层紧固连接

（12）如图 12-18 所示，从前门板上拆下前门玻璃内密封条。

图 12-17　拆卸前门内把手分总成　　　图 12-18　拆卸前门玻璃内密封条

（13）如图 12-19 所示，拆下 2 个螺钉和车门装饰板支架。

（14）如图 12-20 所示，断开连接器并拆下前门检修孔盖。

小提示：去除车门上的残留丁基胶带。

图 12-19　拆卸车门装饰板支架　　　图 12-20　拆卸前门检修孔盖

（15）如图 12-21 所示，连接蓄电池负极端子，然后连接电动车窗升降器主开关总成，并移动前门车窗玻璃分总成，以便能看到车门玻璃螺栓。断开蓄电池负极端子和电动车窗升降器主开关总成，拆下 2 个螺栓，最后拆下前门车窗玻璃分总成。

小提示：拆下螺栓后，车门车窗玻璃可能掉落，造成损坏。

图 12-21　拆卸前门车窗玻璃分总成

（16）如图 12-22 所示，断开连妾器，松开临时螺栓，拆下 5 个螺栓，将前门窗升降器分总成和前电动车窗升降器电动机总成作为一个单元拆下，从前门窗升降器分总成上拆下临时螺栓。

小提示：不要拆下临时螺栓。如果拆下临时螺栓，前门窗升降器可能掉落，造成损坏。

（17）如图 12-23 所示，用"TORX"十字螺丝刀（T25），拆下 3 个螺钉和前电动车窗升降器电动机总成。

图 12-22　拆卸前门窗升降器分总成　　　图 12-23　拆卸前电动车窗升降器
　　　　　　　　　　　　　　　　　　　　　　　　　　　　　电动机总成

（18）如图 12-24 所示，使用套筒扳手拆下螺栓，并拆下导管和前门 2 号加强垫。

（19）如图 12-25 所示，拆下前门车窗玻璃升降槽。

图 12-24　拆卸前门 2 号加强垫　　　图 12-25　拆下前门车窗玻璃升降槽

（20）如图 12-26 所示，脱开卡子并拆下门框装饰条。

小提示：此过程需要更换新的卡子，因为在拆下门框装饰条时卡子会损坏。

（21）如图 12-27 所示，拆下螺栓和前门后下门框分总成。

（22）如图 12-28 所示，用"TORX"梅花套筒扳手（T30）松开螺钉，然后将前门外把手盖和车门锁芯作为一个单元拆下。

图 12-26 拆卸门框装饰条

图 12-27 拆卸前门后下门框分总成

小提示:由于螺钉与前门外把手框分总成集成为一体,不能将其拆下。

(23)如图 12-29 所示,用"TORX"梅花套筒扳手(T30)拆下 3 个螺钉,然后向下滑动前门门锁总成,并将前门锁开启杆从外把手框中拉出,然后将前门门锁总成和拉索作为一个单元拆下,而后将前门锁开启杆从前门门锁总成上拆下,最后将门锁线束密封从前门门锁总成上拆下。

图 12-28 拆卸前门外把手盖

图 12-29 拆卸前门门锁总成

(24)在前门门锁总成上安装门锁线束密封,将完好的前门门锁总成和相应的拉锁连接,然后向上滑动前门门锁总成,用"TORX"梅花套筒扳手(T30)紧固 3 个螺钉。

(25)安装前门外把手盖和车门锁芯,同时用"TORX"梅花套筒扳手(T30)紧固螺钉。

(26)安装螺栓和前门后下门框分总成。

(27)安装卡子并安装门框装饰条。

(28)安装前门车窗玻璃升降槽。

(29)使用套筒扳手紧固螺栓并安装导管和前门 2 号加强垫。

（30）用"TORX"十字螺丝刀（T25），紧固 3 个螺钉和前电动车窗升降器电动机总成。

（31）将前门窗升降器分总成和前电动车窗升降器电动机总成作为一个单元安装,然后连接上连接器,并紧固 5 个螺栓。

（32）安装前门车窗玻璃分总成并紧固 2 个螺栓,然后连接上蓄电池负极端子和电动车窗升降器主开关总成。

（33）安装前门检修孔盖并连接上连接器。

（34）紧固 2 个螺钉和车门装饰板支架。

（35）在前门板上安装前门玻璃内密封条。

（36）连接上连接器并安装上前门下门框支架装饰条,然后安装卡子和卡夹。

（37）连接前门锁止遥控拉索和前门内侧锁止拉索,并安装前门内把手分总成。

（38）安装前门装饰板分总成时,其内部还需紧固 2 个卡爪。

（39）安装 5 个卡爪并紧固 9 个卡子。

（40）安装卡爪并连接车门扶手盖并紧固 2 个螺钉。

（41）安装卡爪并紧固门控灯总成（如果有配置）。

（42）安装电动车窗升降器开关总成并紧固 2 个卡爪。

（43）使用十字螺丝刀安装 3 个螺钉和电动车窗升降器主开关总成。

（44）安装前扶手座上板并连接上连接器,然后紧固 2 个卡子和 6 个卡爪。

（45）安装前门内把手框并紧固 3 个卡爪。

（46）将蓄电池负极端子连接上电缆。

四、评价与反馈

（1）对学习任务进行评价,学习任务评分表见表 12-3。

学习任务评分表　　　　表 12-3

考核项目	评分标准	分数	学生自评	小组互评	教师评价	小计
团队合作	是否和谐	5				
活动参与	是否积极主动	5				
安全生产	有无安全隐患	10				

考核项目	评分标准	分数	学生自评	小组互评	教师评价	小计
现场5S	是否做到	10				
任务方案	是否正确、合理	15				
操作过程	遥控门锁控制电路各部件的查找与连接;拆卸左前门锁电机;安装左前门锁电机及其总成	30				
任务完成情况	是否圆满完成	5				
工具和设备使用	是否规范、标准	10				
劳动纪律	是否能严格遵守	5				
工单填写	是否完整、规范	5				
总分		100				
教师签写:			年 月 日		得分	

(2)能否向顾客提出正确使用遥控门锁控制系统的建议?

项目十三　电动车窗电动机的结构与拆装

课题一　电动车窗的结构与工作原理

一、电动车窗的组成和结构

电动车窗一般由电动机、减速装置、车窗、升降器、开关等组成。

有些汽车上的电动车窗由电动机直接作用于升降器,而有些则是通过驱动机构作用于升降器,从而把电动机的转动转化成为车窗的上下移动。

升降器有两种形式。一种是用齿扇来实现换向作用,如图 13-1 所示。齿扇上连有螺旋弹簧,当车窗上升时,弹簧张开,能量被释放,帮助电动机做功;当车窗下降时,弹簧被压,吸收能量,从而使车窗无论上升还是下降,电动机的负荷基本相同。另一种换向器是使用柔性齿条和小齿轮,车窗连在齿条的一端,电动机带动轴端小齿轮转动,使齿条移动,以带动车窗升降,其结构如图 13-2 所示。

图 13-1　电动车窗齿扇式升降器图　　图 13-2　电动车窗齿条式升降器图

二、基本工作原理

不同汽车所采用的电动车窗的控制电路不同,按电动机是否直接搭铁,可分为电动机不搭铁的控制电路和电动机搭铁的控制电路两种。

电动机不搭铁的控制电路是指电动机不直接搭铁,电动机的搭铁受开关控制,通过改变电动机的电流方向来改变电动机的转向,从而实现车窗的升降。其控制电路如图 13-3 所示。

图 13-3　电动机不搭铁的电动车窗控制电路

1-右前车窗开关;2-右前车窗电动机;3-右后车窗开关;4-右后车窗电动机;5-左前车窗电动机;6-左后车窗电动机;7-左前车窗开关;8-驾驶人主控开关组件

电动机搭铁的控制电路是指电动机一端直接搭铁,而电动机有两组磁场绕组,通过接通不同的磁场绕组,使电动机的转向不同,实现车窗的升降。其控制电路如图 13-4 所示。

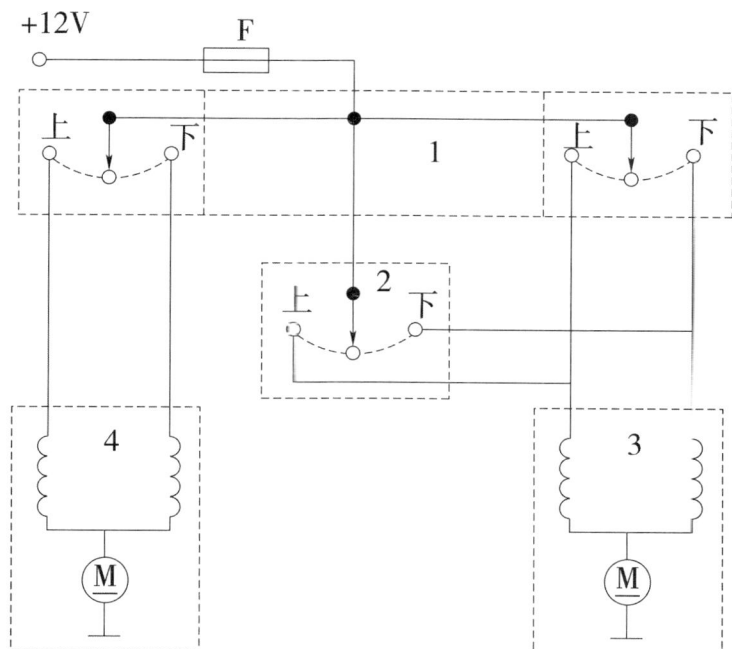

图 13-4　电动机搭铁的电动车窗控制电路

1-驾驶人主控开关组件;2-右前车窗开关;3-右前车窗电动机;4-左前车窗电动机

　　在电动车窗控制电路中,一般都设有驾驶人集中控制的主控开关和每一个车窗的独立操作开关,每个车窗的操作开关可由乘客自己操作。但是,有些汽车的主控开关备有安全开关,可以切断其他各车窗的电源,使每个车窗的操作开关不起作用,这个开关只能由驾驶人一人操作。

课 题 二　电动车窗的线路连接与电动机总成拆装

一、作业前的准备

1.工具、设备和材料的准备

(1)套筒扳手、十字螺丝刀(T25)、绝缘胶布。

(2)磁力护裙、转向盘护套、变速器操纵杆手柄套、脚垫和座位套。

(3)举升机。

(4)前电动车窗升降器电动机总成。

(5)卡罗拉轿车维修手册。

2. 作业前场地和车辆的准备

(1)汽车进入工位前,将工位清理干净,准备好相关的器材。

(2)将汽车停驻在举升机中央位置。

(3)拉紧驻车制动器操纵杆,并将变速器操纵杆置于空挡(N 挡)或驻车挡(P 挡)位置。

(4)套上转向盘护套、变速器操纵杆手柄套和座位套,铺设脚垫。

(5)粘贴翼子板和前脸磁力护裙。

二、电动车窗的线路连接

电动车窗控制系统使用电动车窗升降器电动机来控制电动车窗操作。卡罗拉轿车电动车窗系统主要的控制装置包括电动车窗主开关(安装在驾驶人侧车门上)和电动车窗开关(安装在乘客侧车门和后门上),其组成部件相对位置如图 13-5 所示。操作电动车窗开关后,相应的电动车窗升降器电动机随即通电。该系统控制原理图如图 13-6 所示。

图 13-5　卡罗拉轿车电动车窗组成部件相对位置

图 13-6 卡罗拉轿车电动车窗原理图

根据本书图 8-20、图 11-8 可以确定系统电源供给相关的熔断丝和继电器,而后电流流入电动车窗主开关,从而分向前、后、左、右四个车窗电动机。

三、电动车窗升降器电动机总成的更换

卡罗拉轿车电动车窗升降器电动机总成的基本组成(包括左前门、左后门零部件)如图 13-7 ~ 图 13-10 所示。在此,我们仅以左前电动车窗升降器电动机总成的更换为例进行讲解。

图 13-7　卡罗拉轿车左前门零部件图 1

- 前门车窗玻璃内密封条
- 丁基胶带(不可重复使用)
- 前门检修孔盖
- 车门装饰板支架 ×2
- 前门内把手分总成
- 前门装饰板分总成
- 前扶手座上板
- 前门内把手框

- 前门车窗玻璃分总成
- 前门车窗升降器分总成 ×2 8.0
- 前门下门框支架装饰条
- 8.0 ×6
- 前电动车窗升降器电动机总成 ×3
- 5.4

图 13-8　卡罗拉轿车左前门零部件图 2

注:方框中数据为规定力矩(N·m),➡表示涂抹通用润滑脂。

后门密封条

后门车窗玻璃内密封条

后门内把手分总成

后门装饰板分总成

后车门内把手框

后门扶手座上板

图 13-9　卡罗拉轿车左后门零部件图 1

后门角窗密封条　　后门角窗玻璃

×2

6.2

后门窗分隔条分总成

后门车窗玻璃升降槽

后门玻璃分总成

后门窗升降器分总成

5.4　×3

后电动车窗升降器电动机总成

×4

8.0

后门检修孔盖

丁基胶带(不可重复使用)

×2

车门装饰板支架

图 13-10　卡罗拉轿车左后门零部件图 2

注:方框中数据为规定力矩,N·m。

261

左前电动车窗升降器电动机总成的更换步骤如下:

(1)从蓄电池负极端子断开电缆。

小提示:断开蓄电池电缆后重新连接时,某些系统需要初始化。

(2)参考本书图9-25,使用头部缠有保护胶带的螺丝刀,脱开3个卡爪并拆下前门内把手框。

(3)参考本书图9-26,使用头部缠有保护胶带的螺丝刀,脱开2个卡子和6个卡爪,拆下前扶手座上板,并断开连接器。

(4)如图13-11所示,使用十字螺丝刀拆下3颗螺钉和电动车窗升降器主开关总成。

(5)如图13-12所示,使用头部缠有保护胶带的一字螺丝刀,脱开2个卡爪并拆下电动车窗升降器开关总成。

图 13-11　拆卸电动车窗升降器　　　　图 13-12　拆卸电动车窗升降器
　　　　　　主开关总成　　　　　　　　　　　　　开关总成

(6)参考本书图9-27,使用头部缠有保护胶带的一字螺丝刀,脱开卡爪并拆下门控灯总成(如果有配置)。

(7)参考本书图12-16,使用头部缠有保护胶带的一字螺丝刀,脱开卡爪并断开车门扶手盖并拆下2颗螺钉。

(8)参考本书图9-30,使用卡子拆卸工具,脱开9个卡子(图中圆圈所示位置),然后脱开5个卡爪(图中三角形所示位置),并从前门车窗玻璃内密封条上分开前门装饰板分总成。

(9)参考本书图9-31,脱开前门装饰板分总成时,其内部还需脱开2个卡爪,并断开前门内把手分总成。

(10)参考本书图12-17,断开前门锁止遥控拉索和前门内侧锁止拉索,并拆下前门内把手分总成。

（11）参考本书图 9-33，脱开卡子和卡夹以拆下前门下门框支架装饰条并断开连接器。

（12）参考本书图 12-18，从前门板上拆下前门车窗玻璃内密封条。

（13）参考本书图 12-19，拆下 2 颗螺钉和车门装饰板支架。

（14）参考本书图 12-20，断开连接器并拆下前门检修孔盖。

小提示：去除车门上的残留丁基胶带。

（15）参考本书图 12-21，连接蓄电池负极端子，然后连接电动车窗升降器主开关总成，并移动前门车窗玻璃分总成以便能看到车门玻璃螺栓。断开蓄电池负极端子和电动车窗升降器主开关总成，拆下 2 颗螺栓，最后拆下前门车窗玻璃分总成。

小提示：拆下螺栓后，车门玻璃可能掉落造成损坏。

（16）参考本书图 12-22，断开连接器，松开临时螺栓，拆下 5 颗螺栓，将前门窗升降器分总成和前电动车窗升降器电动机总成作为一个单元拆下，从前门窗升降器分总成上拆下临时螺栓。

小提示：不要拆下临时螺栓。如果拆下临时螺栓，前门窗升降器可能掉落，造成损坏。

（17）参考本书图 12-23，用"TORX"十字螺丝刀（T25），拆下 3 颗螺钉和前电动车窗升降器电动机总成。

（18）安装上完好的左前电动车窗升降器电动机总成，用"TORX"十字螺丝刀（T25），紧固 3 颗螺钉。

（19）将前门窗升降器分总成和前电动车窗升降器电动机总成作为一个单元安装，紧固临时螺栓及 5 颗螺栓，然后连接上连接器。

（20）安装前门车窗玻璃分总成，安装电动车窗升降器主开关总成并紧固 2 颗螺栓，然后连接上蓄电池负极端子。

（21）安装前门检修孔盖并连接上连接器。

（22）安装 2 颗螺钉和车门装饰板支架。

（23）安装前门板上的前门车窗玻璃内密封条。

（24）安装前门下门框支架装饰条并连接上连接器，安装好卡子和卡夹。

（25）安装前门内把手分总成并连接上前门锁止遥控拉索和前门内侧锁止拉索。

（26）安装前门内把手分总成并安装其内部的 2 个卡爪。

（27）在前门车窗玻璃内密封条上安装前门装饰板分总成，安装并紧固 9 个卡子和 5 个卡爪。

(28)紧固 2 颗螺钉和卡爪并安装车门扶手盖。

(29)安装卡爪和门控灯总成(如果有配置)。

(30)安装 2 个卡爪和电动车窗升降器开关总成。

(31)安装 3 颗螺钉和电动车窗升降器主开关总成。

(32)安装前扶手座上板并连接上连接器,然后安装并紧固 2 个卡子和 6 个卡爪。

(33)安装 3 个卡爪和前门内把手框。

(34)将电缆与蓄电池负极端子紧固连接。

小提示:①如果更换了电动车窗电动机或电动车窗升降器,则需要进行初始化(蓄电池负极端子断开并重新连接后,没有必要进行初始化)。

②初始化期间不应操作其他电气系统。如果电动车窗电动机的电源电压出现下降,则初始化将中断。

③更换车门玻璃或车门玻璃升降槽可能导致当前车门玻璃位置与 ECU 中存储的位置之间产生差异。在这种情况下,防夹功能将无法正常启动。此时,应使系统返回到初始化前的状态,并对系统重新进行初始化。

(35)进行电动车窗的初始化工作。

①连接蓄电池负极端子。

②将点火开关置于 ON(IG)位置。电动车窗主开关指示灯将闪烁。

③通过操作电动车窗主开关完全关闭车门玻璃。车门玻璃停止后,将电动车窗主开关保持在"AUTO UP"位置至少 1s。

④检查并确认电动车窗主开关指示灯一直亮。

小提示:

①初始化完成后,自动上升功能才起作用。

②点火开关置于 ON(IG)位置时,电动车窗主开关指示灯将开始闪烁,并且持续闪烁至初始化完成。成功完成初始化后指示灯一直亮。

③如果指示灯不是一直亮,则意味着初始化未成功完成。这种情况下,降下车门玻璃至少 50mm,并在车窗全关后,将电动车窗主开关保持在"AUTO UP"位置 1s。

四、评价与反馈

(1)对学习任务进行评价,学习任务评分表见表 13-1。

学习任务评分表　　　　　　　　　表 13-1

考 核 项 目	评 分 标 准	分数	学生自评	小组互评	教师评价	小计
团队合作	是否和谐	5				
活动参与	是否积极主动	5				
安全生产	有无安全隐患	10				
现场5S	是否做到	10				
任务方案	是否正确、合理	15				
操作过程	前车窗电路各部件的查找与连接;拆卸前车窗电机;安装前车窗电机及其总成	30				
任务完成情况	是否圆满完成	5				
工具和设备使用	是否规范、标准	10				
劳动纪律	是否能严格遵守	5				
工单填写	是否完整、规范	5				
总分		100				
教师签写:			年　月　日		得分	

(2)能否向顾客提出正确使用汽车车窗系统的建议?

项目十四　汽车空调系统的结构与拆装

课 题 一　汽车空调系统的结构与工作原理

一、汽车空调的作用与组成

　　汽车空调的作用是使车厢内的空气温度、相对湿度、空气流速及空气洁净度达到人体所需要的舒适范围。汽车空调系统通常由制冷、加热、通风和电气控制四个子系统组成,这四个子系统共同作用才能实现对车辆的空气调节。

　　汽车空调制冷系统主要由制冷循环及电气控制两大部分组成。其中,制冷循环部分包括压缩机、冷凝器、储液干燥器、膨胀阀、蒸发器、输液(气)管以及风扇等(图14-1),各部件之间采用钢管(或铝管)和高压橡胶管连接成密封的系统;电气控制系统主要由传感器、空调控制单元和执行器组成。

图 14-1　空调制冷系统的组成

1. 压缩机

压缩机(图 14-2)是汽车空调系统中最主要的部件。它的功用是把蒸发器中吸收热量后产生的低温低压制冷剂蒸气吸入后进行压缩,升压和升温后送往冷凝器,使制冷剂在冷却循环中进行循环,由蒸发器吸收的热量在通过冷凝器时散发。按照其结构不同,压缩机主要有往复式和旋转式两种。按照压缩机排量不同,压缩机可分为固定排量式和可变排量式两种。

图 14-2　压缩机

2. 冷凝器

冷凝器是一种热交换器,其作用是将压缩机排出的高温高压气态制冷剂的热量吸收并散发到车外空气中,用冷凝风扇强制循环车外空气进行冷却,使气态制冷剂变为高温、高压的液态制冷剂。冷凝器一般安装在散热器的前面,包括制冷剂管路、散热片、入口和出口。管路和散热片设计成尽可能大的表面积。冷凝器结构如图 14-3 所示。

制冷剂管道

冷凝器结构

出口

入口

冷却散热片

图 14-3　冷凝器结构

3. 储液干燥器

储液干燥器用于装有膨胀阀的空调系统中,位于冷凝器和膨胀阀之间的高压侧,如图 14-4 所示。储液干燥器具有如下功用:

(1)吸收系统制冷剂中的水分。

储液干燥器

图 14-4　储液干燥器

（2）随时向循环系统提供所需制冷剂，同时补偿系统的微量渗漏。

（3）储液干燥器中的过滤装置随时清除系统中杂质、污物，防止其进入制冷剂中而堵塞膨胀阀。

4.膨胀阀

膨胀阀（图14-5）安装于蒸发器的入口处，从冷凝处、储液干燥器输出的液态制冷剂经膨胀阀节流后，急剧膨胀降压温为低压低温蒸气，然后进入蒸发器中吸收空气的热量。另外，膨胀阀还能根据制冷负荷自动调节制冷剂的流量，达到控制车内温度的目的。

图 14-5　膨胀阀的外形

5.蒸发器

蒸发器的作用是当膨胀阀流出的低温低压制冷剂进入后，从由鼓风机吹来的暖气流中吸收大量的热量而沸腾，转变成制冷剂蒸气，使流过蒸发器表面的气流冷却，从而达到车内降温的目的。蒸发器的结构如图14-6所示。

出口管道

螺旋管

入口管道

散热片

蒸发器结构

图 14-6　蒸发器的结构

二、制冷循环工作过程

制冷系统工作时,制冷剂以不同的状态在这个密封系统内循环流动,每一循环有四个基本过程。空调制冷系统的工作过程如图14-7所示。

空调制冷系统
工作原理

图例	说明
▨	高温高压气体
▨	中温高压液体
□	低温低压液体
▧	低温低压气体

图 14-7 空调制冷系统的工作过程

1. 压缩过程

压缩机吸入蒸发器出口处的低温低压的制冷剂气体,将其压缩成高温高压的气体排出压缩机。

2. 放热过程

高温高压的制冷剂气体进入冷凝器,经过散热,制冷剂气体冷凝成液体。

3. 节流过程

温度和压力较高的制冷剂液体通过膨胀阀装置后,压力和温度急剧下降,以雾状排出膨胀阀。

4. 吸热过程

雾状制冷剂进入蒸发器,此时制冷剂沸点很低,蒸发过程中吸收周围大量的热量,使制冷剂由雾状液体蒸发成气体,而后低温低压的气态制冷剂又回到压缩机中。

三、汽车空调的控制

1.汽车空调的控制方式

汽车空调系统的控制方式可分为手动控制和电控自动控制两种。手动控制空调系统的风机转速、出风温度及送风方式等由驾驶人操纵和调节,驾驶人通过仪表板上的空气控制杆、温度控制杆和风扇开关来控制空调系统。手动空调系统无法根据阳光辐射程度、发动机和排气歧管的辐射影响变化及时对汽车车内的空气温度进行调节。随着人们对汽车舒适性的要求越来越高以及电子技术的发展,现在大部分汽车都采用了全自动空调系统,即电控自动空调系统。电控自动空调系统采用一般空调系统的基础部件,与一般空调系统的主要区别在于电控自动空调系统能保持预先设置的舒适温度值。它利用传感器确定当前的温度,系统能够按需要自动调节暖风和冷风。和半自动空调系统相比,电控自动空调系统具有自诊功能,并且电控自动空调系统的执行器和传感器的数量都比半自动空调系统多。

2.电控自动空调系统组成

电控自动空调系统的组成如图 14-8 所示。电控自动空调系统主要由通风、采暖、制冷、空气净化、操作和控制等部分组成,其中制冷系统、暖风系统和送风系统等与手动空调系统在结构上是基本相同的。电控自动空调系统是在手动控制空调系统的基础上,增加了控制系统。控制系统由传感器、空调 ECU 和执行元件等组成;而操作系统与送风系统是在手动空调系统的基础上增加了各种伺服电动机,并且操作系统有温度设定与开关选择功能。

图 14-8　电控自动空调系统的组成

3.自动空调系统控制原理

自动空调控制系统由车内温度传感器、车外空气温度传感器、蒸发器温度传感器、阳光传感器、空气控制电动机、加热器和冷凝器风扇、车内控制装置组成。自动控制系统的原理是根据各传感器检测到车内的温度、蒸发器温度、发动机冷却液温度以及其他有关的开关信号等输出控制信号,控制散热器风扇、冷凝器风扇、压缩机离合器、鼓风机电动机及其空气控制电动机的工作状态,实现自动控制车内温度的目的。

课 题 二　汽车空调系统的拆装

一、作业前的准备

1.工具、设备和材料的准备

(1)卡罗拉轿车及其维修手册。

(2)常用工具一套。

(3)磁力护裙、转向盘护套、变速器操纵杆手柄套、脚垫和座位套。

(4)举升机。

(5)防护眼镜和手套。

(6)万用表。

(7)空调空气滤清器。

(8)空调制冷剂回收加注机。

2.作业前场地和车辆的准备

(1)汽车进入工位前,将工位清理干净,准备好相关的器材。

(2)将汽车停驻在举升机中央位置。

(3)拉紧驻车制动器操纵杆,并将变速器操纵杆置于空挡(N挡)或驻车挡(P挡)位置。

(4)套上转向盘护套、变速器操纵杆手柄套和座位套,铺设脚垫。

(5)粘贴翼子板和前脸磁力护裙。

二、汽车空调空气滤清器更换

下面以丰田卡罗拉轿车为例进行讲解。

1.技术标准与要求

(1)一般说来,空调空气滤清器的更换周期为1万~2万km,如果经常对空调空气滤清器进行清理,能够在一定程度上延长空气滤清器的使用寿命。卡罗拉轿车的空调空气滤清器每行驶5000km需要进行清洁,每行驶15000km需要更换。

(2)将原车上的空调空气滤清器取下来,与新的空调空气滤清器对比,型号要一致。

(3)注意不要将空调空气滤清器位置装反。

2.空调空气滤清器的拆卸

(1)拆卸手套箱盖总成。

①脱开卡爪并松开手套箱盖挡块。

②按照图14-9中箭头指示的方向弯曲部位A和B,以松开2个挡块,并降下手套箱盖总成直到盖前部处在水平位置。

③如图14-10所示,向车辆后部水平拉动手套箱盖总成以松开2个铰链,并拆下手套箱盖总成。

图14-9　松开手套箱盖挡块　　　图14-10　松开手套箱盖总成铰链

小提示:若向上拉动手套箱盖总成将其拆下,会在重新安装箱盖时导致铰链变形。应确保水平拉出手套箱盖。

(2)拆卸空调空气滤清器壳。如图14-11所示,脱开2个卡爪,拆下空调空气滤清器壳。

(3)拆卸空调空气滤清器。如图14-12所示,拆下空调空气滤清器。

图 14-11　拆下空调空气滤清器壳　　　图 14-12　拆下空调空气滤清器

（4）安装空调空气滤清器。如图 14-13 所示,安装空调空气滤清器。

（5）安装空调空气滤清器壳。如图 14-14 所示,接合 2 个卡爪,安装空调空气滤清器壳。

图 14-13　安装空调空气滤清器　　　图 14-14　安装空调空气滤清器壳

（6）安装手套箱盖总成。

①如图 14-15 所示,水平插入手套箱盖总成并接合 2 个铰链。

小提示: 从上方接合铰链时会使铰链变形,务必水平安装手套箱盖总成。

②按照图 14-16 中箭头指示的方向弯曲部位 A 和 B,以接合 2 个挡块。

③接合卡爪,连接手套箱盖挡块,并安装手套箱盖总成。关上手套箱。

图 14-15　安装手套箱盖总成

图 14-16　接合手套箱盖挡块

三、汽车空调鼓风机的拆装

下面以丰田卡罗拉轿车为例进行讲解。

1.技术标准与要求

(1)拆装鼓风机一定要在关闭点火开关的状态下进行。

(2)鼓风机安装位置附近有很多电气线路,拆装过程中应注意不要损坏这些电气线路。

2.空调鼓风机的拆卸

(1)拆卸仪表板2号底罩分总成。

①脱开3个卡爪。

②如图 14-17 所示,脱开导销,并拆下仪表板2号底罩分总成。

(2)拆卸鼓风机电机分总成。

①拆下快速加热器连接器螺钉,并脱开快速加热器连接器。

②断开鼓风机电机连接器。

③如图 14-18 所示,拆下3个螺钉和鼓风机电机总成。

3.空调鼓风机的安装

(1)安装鼓风机电机分总成。

①使用3个螺钉安装鼓风机电动机分总成。

②插上鼓风机电机连接器。

③固定加热器连接器,安装加热器连接螺钉。

[]: 导销

图 14-17　拆卸仪表板 2 号底罩分总成

图 14-18　拆卸鼓风机电机总成

(2)安装仪表板 2 号底罩分总成。

①接合导销。

②如图 14-19 所示,接合 3 个卡爪,并安装仪表板 2 号底罩分总成。

□:导销

图 14-19　安装仪表板 2 号底罩分总成

四、汽车空调压缩机的拆装

下面以丰田卡罗拉轿车为例进行讲解。

1. 技术标准与要求

(1)拆下压缩机上的空调管后,用聚氯乙烯绝缘带密封断开部件的开口处,防止湿气和异物进入。

(2)将拆卸的零件清洗干净,并用空气吹干,以便检测和发现缺陷。一般用煤油、汽油或清洗剂来清洗有油和油垢的零件,使用时应特别留意防火,并切忌用汽油、煤油清洗橡胶类零件,以防变形。常用砂布来磨掉零部件表面的硬垢、锈迹,使零件露出金属本色。

(3)拆卸过程中只允许用橡胶锤或木槌敲击零件凸缘,严禁用硬物敲击,以防零件变形或破损。

(4)装配过程中保持环境与零件的清洁,防止异物进入压缩机内部。

(5)装配时,在需要润滑的零件上涂抹干净的冷冻油。

(6)装配好的压缩机应能灵活转动,无卡滞现象。

(7)皮带张紧力度要求:新皮带为 637～735N;用过的皮带为 392～588N。

2. 空调压缩机的拆卸

(1)回收制冷系统中的制冷剂。

（2）拆卸散热器上空气导流板。

（3）拆卸发动机后部右侧底罩。

（4）拆卸多楔带。

①松开螺栓 A 和 B。

②如图 14-20 所示，松开螺栓 C，然后拆下多楔带。

图 14-20　拆卸多楔带

小提示：不要松开螺栓 D。不得通过拉动传动带移动发电机，这会损坏传动带。

（5）断开吸入软管分总成。

①如图 14-21 所示，拆下螺栓并将吸入软管分总成从压缩机和皮带轮上断开。

图 14-21　断开吸入软管分总成

②将 O 形圈从冷却器 1 号制冷剂吸入软管上拆下。

小提示:用聚氯乙烯绝缘带密封断开部件的开口处,防止湿气和异物进入。

(6)断开排放软管分总成。

①如图 14-22 所示,拆下螺栓并将排放软管分总成从压缩机和皮带轮上断开。

图 14-22　断开排放软管分总成

②从排放软管分总成上拆下 O 形圈。

小提示:用聚氯乙烯绝缘带密封断开部件的开口处,防止湿气和异物进入。

(7)拆卸带皮带轮的压缩机总成。

①断开连接器。

②如图 14-23 所示,拆下 2 个固定螺栓和 2 个螺母。

图 14-23　拆下压缩机固定螺栓和螺母

③如图 14-24 所示,使用套管扳手拆下 2 个双头螺栓和带皮带轮的压缩机总成。

图 14-24   拆下 2 个双头螺栓和带皮带轮的压缩机总成

小提示: 拆卸空调压缩机时,不要碰撞机油滤清器、散热器等部件,以免导致损害。

3.检查空调压缩机电磁阀

用万用表检查空调压缩机电磁阀电阻,阻值应为 10～11Ω。如果电阻不符合规定,则更换空调压缩机和皮带轮。

4.调节压缩机机油油位

如图 14-25 所示,在更换新的冷却器压缩机总成时,将惰性气体(氩)从维修阀中逐渐排出,并在安装前将剩余机油沿箭头指示方向从通风管中排出。

图 14-25   调节压缩机机油油位

小提示:放油螺栓和垫圈能重复使用。空调压缩机运行时,空调压缩机油在空调系统内循环,空调压缩机停下后,仍有一些油在空调系统内。新空调压缩机已经加注了压缩机油,直接安装压缩机,压缩机油会过多。安装前需要排除部分新压缩机内的压缩机油,排放量等同于空调系统内的压缩机油。

排放量为新压缩机的机油容量($90+15cm^3$)减去拆下的压缩机中排出机油量,新空调压缩机内的油量要和拆掉的空调压缩机内的油量相等。

小提示:

(1)如果安装新的压缩机时没有排出残留在车辆管路中的一些机油,油量将会过多。这会妨碍制冷剂循环的热交换,导致制冷系统失效。

(2)如果拆下的压缩机中残余的油量过少,检查是否漏油。

(3)确保使用 ND-OIL8 或同等产品作为压缩机机油。

5.空调压缩机的安装

(1)安装带皮带轮的压缩机总成。

①使用梅花套筒扳手,用2个双头螺栓安装带皮带轮的压缩机总成。力矩为 $9.8N\cdot m$。

②用2个螺栓和2个螺母安装带皮带轮的压缩机总成,螺栓和螺母拧紧顺序如图 14-26 所示。力矩为 $25N\cdot m$。

图 14-26　压缩机螺栓螺母安装顺序

③连接连接器。

(2)连接排放软管分总成。

①将缠绕的聚氯乙烯绝缘带从软管上拆下。

②在新 O 形圈以及带皮带轮的压缩机总成的装配面上充分涂抹压缩机机油。压缩机油为 ND-OIL8 或同等产品。

③将 O 形圈安装到排放软管分总成上。

④如图 14-27 所示,用螺栓将排放软管分总成安装到带皮带轮的压缩机总成上。力矩为 $9.8N\cdot m$。

图 14-27　连接排放软管分总成

（3）连接吸入软管分总成。

①将缠绕的聚氯乙烯绝缘带从软管上拆下。

②在新 O 形圈以及带皮带轮压缩机总成的装配面上充分涂抹压缩机机油。压缩机油为 ND-OIL8 或同等产品。

③将 O 形圈安装到吸入软管分总成上。

④如图 14-28 所示,用螺栓将吸入软管分总成安装到带皮带轮的压缩机总成上。力矩为 $9.8N \cdot m$。

图 14-28　连接吸入软管分总成

（4）安装多楔带。

（5）调节多楔带。

①如图 14-29 所示,转动螺栓 C,以调节多楔带的张紧力。

图 14-29　调节多楔带

②紧固螺栓 A 和 B。螺栓 A 力矩 19N·m,螺栓 B 力矩 43N·m。

小提示:确认螺栓 D 没有松动。

(6)检查多楔带。

①目视检查皮带是否过度磨损、加强筋损坏等。如果发现任何损坏,则更换皮带。

小提示:如果发现任何损坏,应更换皮带。传动皮带的带棱侧出现一些裂纹是可以接受的,如果皮带棱上有脱落,则更换皮带。

②安装好传动皮带后,检查并确认皮带是否正确安装在楔形槽中。用手检查以确认皮带没有从曲轴皮带轮底部的凹槽中滑脱。

③检查多楔带的偏移和张紧度。

如图 14-30 所示,在规定点处检查多楔带的偏移和张紧度,偏移量和张紧度应符合维修手册要求。

图 14-30　多楔带的偏移和张紧度检查

(7)安装发动机后部右侧底罩。

(8)安装散热器上空气导流板。

(9)加注制冷剂。

(10)发动机暖机。

(11)检查制冷剂有无泄漏。

五、评价与反馈

(1)对学习任务进行评价,学习任务评分表见表14-1。

学习任务评分表　　　　　　　　　　　表 14-1

考核项目	评分标准	分数	学生自评	小组互评	教师评价	小计
团队合作	是否和谐	5				
活动参与	是否积极主动	5				
安全生产	有无安全隐患	10				
现场5S	是否做到	10				
任务方案	是否正确、合理	15				
操作过程	空调各部件的查找与作用介绍;空调空气滤清器的更换;空调鼓风机的拆装;空调压缩机的拆装	30				
任务完成情况	是否圆满完成	5				
工具和设备使用	是否规范、标准	10				
劳动纪律	是否能严格遵守	5				
工单填写	是否完整规范	5				
总分		100				
教师签写:			年　月　日		得分	

(2)能否向顾客提出正确使用空调的建议?

参 考 文 献

[1] 裘玉平.汽车电气设备[M].北京:人民交通出版社,1999.

[2] 张茂国.汽车电气设备构造与维修[M].北京:人民交通出版社,2004.

[3] 于明进,于光明.汽车电气设备构造与维修[M].北京:高等教育出版社,2002.

[4] 魏冬至.汽车电气设备构造与检修[M].南京:江苏教育出版社,2009.

[5] 胡光辉.汽车电气设备构造与维修[M].北京:人民邮电出版社,2010.

[6] 邓斌.汽车电气设备构造与拆装.[M]北京:人民交通出版社,2011.

[7] 林文工.汽车发动机电器维修工作页[M].北京:人民交通出版社,2007.

[8] 丰田汽车公司.汽车电气设备维修[M].北京:高等教育出版社,2006.

[9] 邢忠义.汽车新结构与新技术[M].2 版.北京:机械工业出版社,2016.

[10] 上汽通用汽车有限公司.汽车电子与电气系统及检修[M].北京:高等教育出版社,2016.

[11] 庞柳军,吴高飘.汽车空调系统维修[M].北京:人民交通出版社股份有限公司,2016.

[12] 黄宜坤,艾曦锋.汽车电控电气设备检测与维护[M].北京:机械工业出版社,2010.

[13] 潘承炜.汽车电器与空调系统检修[M].北京:人民交通出版社,2013.

[14] 上汽通用汽车有限公司.汽车空调系统及检修[M].北京:高等教育出版社,2016.